ELSA HEYDEN · DAS SACHSENTOR ZUR WELT

ELSA HEYDEN

Das Sachsentor zur Welt

*Geschichten aus dem
alten Bergedorf*

CHRISTIANS VERLAG

Schutzumschlagentwurf von Alfred Janietz

© Hans Christians Verlag, Hamburg 1974
Alle Rechte, auch die des auszugsweisen Nachdrucks
und der fotomechanischen Wiedergabe vorbehalten
Gesetzt aus der Linotype-Garamond-Antiqua
Gesamtherstellung Clausen & Bosse, Leck
ISBN 3 7672 0262 X
Printed in Germany

Visitation

Die Visitation in Bergedorf war der feierliche, amtliche Besuch verordneter Mitglieder der Senate von Lübeck und Hamburg, die die Rechnungen und die Verwaltung im Schloß prüfen mußten. Sie vollzog sich im Städtchen nach althergebrachten Formen und versetzte für eine Woche das ganze Amt in Unruhe und Aufregung.

Schon lange, ehe die Herren eintrafen, wurden die Wege im Gehölz gesäubert und geharkt. Das Gras zwischen den Steinen auf dem Schloßplatz wurde ausgezupft. Holzvogt Menthe ließ seine hirschlederne Hose waschen.

Am Tag der Visitation war eine Bewegung in der Bevölkerung, als ob ein Fürst seinen Einzug hielte. Und kleine Fürsten waren «die Herren», die Vertreter beider Städte schließlich auch. Gegen 6 Uhr abends trafen die Hamburger Herren vor dem Gasthof «Stadt Hamburg» ein. Schildwachen präsentierten bei ihrer Einfahrt das Gewehr. Man konnte damals tatsächlich von der Straße durch das große hölzerne Tor in die gepflasterte Diele von «Stadt Hamburg» einfahren. Das war auch nötig; denn «die Herren» kamen in vierspännigen Pferdekutschen an.

Sie stiegen die Holztreppe zum oberen Saal hinauf, wo sämtliche Bergedorfer Honoratioren zum Empfang versammelt waren.

Die Pferde kamen in den Pferdestall, links hinter der Diele. Alte Mitglieder des Hasse-Chores wissen noch, daß man früher die Übungsabende «im Pferdestall» abhielt, der zu einem kleinen Saal umgebaut worden war. Nach der Einrichtung der Eisenbahn nach Bergedorf war der «Ausspann» nämlich überflüssig geworden.

Während der Unterhaltung der Visitationsherren mit den Bergedorfer Honoratioren reichte der Diener des ältesten Ratsherrn Kaffee. Danach besuchten die Herren die Frau Amtsverwalter im Schloß und machten einen Rundgang durch den Schloßgarten. Beim Eintritt und Ausgang grüßte die Schloßwache mit militärischem Anstand.

Um 7 Uhr kamen die Lübecker Herren vierspännig in offenen Galakutschen und fuhren unter dem Jubel der Bevölkerung ins Städtchen ein. Voraus galoppierte ein reitender Diener in scharlachrotem Rock, weißen Lederhosen, Zweispitz, Stulpstiefeln und Degen. An seiner Seite ritt – und dies war für die

Bergedorfer Jungens der Glanzpunkt des Aufzugs – Holzvogt Menthe in grüner, mit Silber bestickter Jagduniform, Schaftstiefeln und gelben hirschledernen, frischgewaschenen Hosen. Des Reitens ziemlich unkundig, sah man ihm die Angst an, wenn er, auf den Hals seines ponyartigen Pferdes gebückt, durch die Straßen trottete. Die Jungen schrien ihm vergnügt und erbarmungslos zu: «Esel up en Plumboom!»

Die Lübecker Herren fuhren zum Kupferhof, dem Haus von Bürgermeister Hinsche. Er hatte keine Kinder und führte ein sehr gastfreies Haus. Interessante Persönlichkeiten aus Kunst und Wissenschaft gingen bei ihm ein und aus. Bei ihm stiegen auch die hohen Gäste aus Lübeck ab. Nach der Ankunft wurden gegenseitig Geschenke ausgetauscht, die die Diener überbrachten.

1848 war «Piet» Lamprecht Bürgermeister von Bergedorf geworden. Er hatte eine große Familie: 7 Kinder, die junge Halbschwester seiner Frau, ein Hauslehrer und 4 Dienstboten. Es war der Bürgermeisterin also unmöglich, auch noch die Visitationsherren zu bewirten. Sie wohnten deshalb eine Woche lang in «Stadt Lübeck», damals neben «Stadt Hamburg».

Als der Einzug der Visitationsherren erwartet wurde, sollten die Kinder vom Bürgermeister Lamprecht gerade gebadet werden. Plötzlich ist Unruhe auf der Straße und Geschrei. «Sie kommen! Sie kommen!» In diesem Augenblick rannte ein Bürgermeistersohn nackt vom Badebottich weg auf die Straße, um den Aufzug zu sehen. So stand er ohne alles zwischen den Leuten. Das Kindermädchen war dem Ausreißer gefolgt und stellte sich dicht neben ihn, fummelte mit ihrer weißen Schürze herum und versuchte, wenigstens notdürftig den nackten Knaben zu bedecken.

Die Bergedorfer Beamten mußten den Visitationsherren alles, was zu lenken und zu leiten war, schriftlich zur Einsichtnahme vorlegen oder vortragen. Wenn die Herren um 10 Uhr unter Choralmusik, die vom Turm aus geblasen wurde, zum Schloß gingen, hatten die Diener tüchtig an den schweren Akten zu schleppen. Mittags wurde dann fröhlich gemeinsam getafelt. Dazu waren immer der Amtsverwalter und der Bürgermeister eingeladen. Die Weine brachten die Herren selbst mit.

Die Visitation war für Bergedorf damals eine aufregende Angelegenheit und für die Herren anstrengende Arbeit. Am letzten Morgen vor der Abreise bliesen dann auch die Posaunen vom Turm herab den Choral: «Nun danket alle Gott»!

Alltag am Sachsentor

Mit Entrüstung wendet sich das Bergedorfer Wochenblatt gegen die Gepflogenheit der Bürger, vor ihren Häusern Mistkisten (Dunghaufen) anzulegen, die sich natürlich auch vor dem vornehmen Gasthof «Stadt Lübeck» befanden. Nun heißt es in der Kritik dieser Augen- und Nasenschande weiter: «Wenn die Eigentümer des ersten Gasthofs des freundlichen Bergedorfs nicht soviel gebildetes Selbstgefühl und Bürgersinn besitzen, um diese Mistkästen zu beseitigen, so müßte doch irgendeine Behörde die Macht haben, den Skandal wegzuschaffen. Der widerliche Düngerkasten ist ja eine Anomalie aus jenen Zeiten, wo der Bürgermeister vielleicht noch selbst seinen Schweinemist vor der Tür zusammenhäufelte. Wenn der Eigner des Gasthofs an der Stelle dieses Augen und Geruch kränkenden, die Gesundheit seiner Gäste gefährdenden Exkrementen-Magazins ein hübsches Gärtchen anlegte, so brauchten seine Gäste nicht mehr auf der Straße und auf dem Kirchhof zu sitzen oder lieber ein andermal ein Lokal aufzusuchen, wo sie im Freien sitzen können.»

Nachdem C. M. Ed, der Herausgeber des Bergedorfer Wochenblattes, sich so über die Unsauberkeit vor den Häusern ordentlich Luft gemacht hat, schließt er: «Zu meinem Erstaunen höre ich noch, daß der Eigner von «Stadt Lübeck» Baubürger sei, also Mitglied der Behörde, die für bauliche Wohlanständigkeit vorzüglich zu sorgen hat – da hört sich doch alles auf!»

Gustav Weitkamp schreibt dazu: «Der gute Mann mit dem empfindlichen Riechorgan hatte vom Standpunkt des Großstädters zweifellos recht – ... von den damaligen Belangen einer Kleinstadt aber besaß er keinen Schimmer, weil Ackerbau und Viehzucht zu jener Zeit mit allen Feuerstellen verbunden waren, die Dungstätte vor dem Hause also notgedrungen dazugehörte.»

Durch Visitationsprozeß von Hamburg und Lübeck ist übrigens schon im Jahre 1620 «die Wegschaffung des Mistes von den Gassen» angeordnet worden. Diese behördliche Anordnung scheint aber nicht viel genützt zu haben, weil noch 225 Jahre später die gleiche Miß- und Mistwirtschaft geherrscht hat.

Friedrich Stoffert berichtet zu diesem Problem: «Bei der Lichtlosigkeit der Straßen sorgte jeder bei eintretender Finsternis für die Handlaterne. Sie war nicht nur ein notwendiges Requisit in jeder Familie, sondern in mancher sogar ein Luxusgegenstand. Sie war von blitzblankem Messing und geschmückt mit mancherlei durchbrochenem Zierat. Bei öffentlichen Veranstaltungen in den Abendstunden konnte man die Dienstboten oft in großer Zahl mit blitzenden

Laternen vor dem betreffenden Lokal warten sehen, um ihrer Herrschaft heimzuleuchten, wenn kein Mondschein im Kalender stand.»

P. S.
Bei bedecktem Himmel oder Neumond sollen immer wieder späte Zecher auf den Dunghaufen gelandet sein, friedlich schnarchend zum Ergötzen der Anwohner.

1890
«Einen vielbeklagten Verkehrsengpaß gibt es in der Holstenstraße, die zum Bahnhof führt. Man weiß dort nie, ob man wegen des schrecklichen Verkehrs auch noch rechtzeitig zur Abfahrt des Zuges kommt. Gleich hinter der Serrahnbrücke steht die Nählade mit ihrem spitzen Giebel, ein Bergedorfer Wahrzeichen. Den Namen hat sie bekommen nach den drei Schneiderinnen, die dort wohnen. Das Haus und die ganze Reihe an der Bille ist so weit in die Holstenstraße vorgebaut, daß nur 5 Meter Fahrbahn für den Durchgangsverkehr übrig bleiben. Man wird ganz an die Häuser gedrückt, wenn ein Wagen durchfährt, so eng ist die Straße. Das Stroh von den Erntewagen kitzelt den Leuten ins Gesicht, wenn sie vor den Häusern entlanggehen. Dauernd gibt es außerdem Zusammenstöße. Manchmal brechen die Achsen gerade an der engsten Stelle. Dadurch ist die Straße stundenlang gesperrt. Manchmal müssen die Fuhrleute auch den Anwohnern Bescheid sagen, daß sie ihre Fenster zumachen, sonst können die Wagen an

den vorstehenden Fensterflügeln nicht vorbeikommen.»

P. S.
Bürgermeister Ernst Mantius ließ 1891 die Häuser an der Straßenseite der Bille niederlegen. Dabei fiel auch das hübsche Haus der Nählade.

1905
«Als heute Frau Ida Kühl mit ihrer Enkelin Elsa aus Greves Garten kam und über den Mohnhof gehen wollte, kam von der Wentorferstraße her ein Pferdewagen auf die Damen zu. Der Lenker stand aufrecht und hielt die Zügel in ausgestreckten Händen. Die Enkelin wollte ihre Großmutter zurückhalten und sagte ängstlich: «Da kommt ein Wagen, laß uns einen Augenblick warten». Aber Ida Kühl meinte energisch: «Er sieht ja, daß ich alte Frau über die Straße gehe. Laß ihn doch ausweichen»! Damit schritt sie restlos von ihrem guten Recht überzeugt schnurstracks über den Mohnhof. Der Leiterwagen fuhr höflich im Bogen um die Passantinnen herum, wie es sich gehörte. Er hatte auch tatsächlich Platz genug, obgleich mitten auf dem Mohnhof auf einer runden Insel unter mehreren Linden eine Pumpe stand. Die Damen konnten ohne Schaden weitergehen.»

P. S.
Linden standen auch an den Gehwegen der Innenstadt, dem heutigen Sachsentor. Sie waren absolut

kein Verkehrshindernis. Fußgänger gab es viel weniger als heute und Pferdewagen fuhren auch nicht oft vorbei. Verirrte sich jedoch einmal eines dieser neumodischen Automobile auf die Wentorferstraße, dann strömte alles zum Staunen herbei, was Beine hatte.

Um vier Uhr morgens auf dem Kamp

Es war nachts auf Bergedorfer Straßen, besonders auf der Großen Straße, nicht so still, wie mancher heute vermuten mag. Mit eisernen Stangen und Ketten gesicherte Lastwagen rumpelten ohne Unterbrechung über das Kopftsteinpflaster. Die Hufe von bis zu 18 Pferden im Gespann trappelten vor den schweren Wagen her. Über Zollenspieker – Escheburg war Bergedorf Durchgangsstation auf dem Weg nach Hamburg. Die Eilwagen kamen in dichter Folge aus dem Reich. Der gesamte Personen- und Frachtverkehr nach Ost-, Mittel- und Süddeutschland ging durch die «Große Straße», die Hauptstraße Bergedorfs.

Im Juni 1838 war Syndikus Sieveking als Vorsitzender der Visitationsabteilung zur feierlichen Revision der Bücher im Schloß nach Bergedorf gekommen. Er hatte bis 2 Uhr nachts an Akten gearbeitet und wollte nun im Gasthof «Stadt Hamburg» endlich schlafen, der direkt an der Großen Straße lag. Die ständig vorbeiklappernden Eilwagen störten ihn aber so sehr, daß er bereits um 4 Uhr wieder aufstand und einen Spaziergang machte. Er wanderte über die damals noch ungeteilte Gemeinweide am

14

Kamp nach Heckkaten, wo bereits die neue Chaussee abgesteckt war, die im selben Jahre gebaut werden sollte zur Umgehung des dänischen Zolls und Wegegeldes in Boberg. Syndikus Sieveking glaubte nun, er könnte hier ungestört im Rahmen der Visitation seine Beobachtungen machen, als plötzlich Rathmann Schlebusch auf dem Kamp vor ihm auftauchte. Schlebusch hatte die Flucht des Syndikus vor dem nächtlichen Lärm beobachtet und war ihm nachgegangen. Nicht ohne Grund, denn er wollte ihm zu gern seine von den Ansichten des Bürgermeisters abweichenden Vorstellungen über die Richtung des Weges und die Teilung und Verbesserung der Gemeinweide an Ort und Stelle unter vier Augen auseinandersetzen.

Rathmann Schlebusch war als schlauer Fuchs bekannt. Unermüdlich war er für Bergedorfs Wohl tätig. Genauso oft hatte er aber auch das eigene Wohl gut im Auge. Seine Ländereien lagen in der Nähe des Reinbeker Weges, wo auch andere Rathmänner ihre Gärten und Felder hatten. Das heutige Villenviertel gab es damals noch nicht. Das ganze Gebiet von der Daniel-Hinsche-Straße bis zur Wentorfer Straße und der gesamte Gojenberg waren unbebaut. Man sagt, daß Schlebusch seine Ländereien dauernd umgetauscht und dabei immer bessere eingehandelt habe. Aber er sorgte auch für den Ausbau des Reinbeker Weges, der damals nur ein Fußpfad war. Er gab selbst Land für den Straßenbau ab und veranlaßte die übrigen Anlieger ebenfalls dazu. Ob er jedoch die Linienführung auf dem Kampf durch das Morgengespräch mit Syndikus Sieveking beeinflussen konnte, ist nicht überliefert. Schließlich hatten die beiden abseits der Visitation nur unter vier Augen miteinander gesprochen.

Franzosenzeit in Bergedorf

Im November 1806 erreichten Napoleons Truppen nach Blüchers Niederlage und der Erstürmung und Plünderung Lübecks auch Bergedorf.

Die Bemerkung «C'est la guerre» war in den Zeiten der französischen Besetzung ein geflügeltes Wort auf beiden Seiten. Leider war es auch nicht der einzige Satz, den die Bergedorfer von den Franzosen lernen mußten. Französisch wurde nämlich zur Umgangssprache erklärt. Außer Deich- und Schulverhältnissen wurde alles französisch: Gericht und öffentliche Verwaltung, Polizei, Steuer und Heerwesen. Man nannte damals noch lange nach dem Abzug der Franzosen das Holzhäuschen mit Herz in der Tür allgemein «Packamang», in Anlehnung an das französische Wort «Appartement».

Am 13. Dezember 1810 wurden Hamburg und Bergedorf dem französischen Kaiserreich endgültig einverleibt. Am 21. November hatte Napoleon bereits befohlen, das ganze Festland, vor allem Hamburg als die größte deutsche Handelsstadt, gegen den Handel mit England zu sperren. Das war die sogenannte Kontinentalsperre.

Die Franzosen beschlagnahmten alle englischen

Waren. Kein Reeder wagte mehr, Schiffe auszu-
schicken. Im Hafen begannen 320 Schiffe zu verfau-
len. 1807 mußten bereits 180 Handelshäuser ihre
Zahlungen einstellen.

Am 2. Februar 1811 übernahm Reichsmarschall
Davoust die Geschäfte eines Generalgouverneurs in
Hamburg. Bürgermeister, «Maire», vom Amt Bergedorf im Arrondissement Hamburg wurde Jacob
Gräpel, der jedoch bereits seit 1795 Bürgermeister
von Bergedorf war. Als Steuerverwalter für Bergedorf und Altengamme setzten die Franzosen den
Prokurator und späteren Ratmann C. F. W. Schlebusch ein.

1811 wurde die erste genaue Volkszählung rund
um das Sachsentor durchgeführt. Bergedorf zählte
im Ergebnis 1999 Einwohner.

Durch die Kontinentalsperre wuchsen auch in Bergedorf Not und Elend. Die Preise der Lebensmittel
und Waren stiegen ins Unermeßliche. Der geheime
Widerstand wuchs dadurch natürlich. Im Frühjahr
1812 begann Napoleons Marsch gegen Rußland. Die
Franzosen verließen Bergedorf. Auch Marschall Davoust begab sich zur großen Armee. Das 127. Linien-
regiment, das aus den Ausgemusterten und Eingezo-
genen rund um Bergedorf bestand, kämpfte und blu-
tete bei Smolensk und Borodino und kam beim Rück-
zug auf den Schnee- und Eisfeldern Rußlands fast
restlos um.

Am 1. Weihnachtstag 1812 wurde der Untergang
der großen Armee des Kaisers bekannt. Schon vorher waren Gerüchte über die gewaltige Katastrophe

durchgesickert. Der Jubel ließ sich nicht zurückhalten. Man kaufte Weihnachtsgeschenke und feierte Feste.

Die französischen Adler wurden abgerissen, französische Wappen, Inschriften, Kokarden und Kaiser-Bilder vernichtet. Es wurde gemunkelt: Die Russen kommen! Als Freunde!

Auch in Bergedorf machten diese Gerüchte vorsichtig die Runde. Am 12. März 1813, einem sonnigen Frühlingstag, ging Margaretha Krützmann, eine ansehnliche junge Bergedorferin, zur Pumpe am Pool, um Trinkwasser zu holen. Ihr Mann mistete den Kuhstall aus. Fast jede Bergedorfer Familie hatte damals eine Kuh und ein oder mehrere Schweine im Stall.

Während Margaretha Krützmann nun den Eimer mit Wasser füllt, schleicht sich ein französischer Soldat, der als Einquartierung in ihrem Hause untergebracht ist, heimlich hinter ihrem Rücken heran und umarmt sie. Sie wehrt sich verzweifelt gegen den Kuß des Zudringlings und schreit als er fester zupackt. Hans Krützmann hört den Hilfeschrei seiner Frau, packt seine Mistgabel, läuft zur Pumpe, sieht den Franzosen und dringt mit der Gabel auf ihn ein. Schon eilen andere Franzosen dem bedrohten Kameraden zur Hilfe, befreien ihn, überwältigen Hans Krützmann und bringen ihn aufs Schloß. Das Urteil ist schnell gefällt: der Bergedorfer soll am nächsten Morgen standrechtlich erschossen werden.

Margaretha ist in schrecklicher Aufregung. Sie läuft zum Maire Gräpel und fleht um das Leben ihres Mannes, eilt zu den Munizipalräten, den Ratsmännern, die sie am besten kennt. Sie will nach Hamburg zu Marschall Davoust. Aber sie erreicht nichts. Inzwischen gehen die Nachrichten von der Verurteilung ihres Mannes im Geschwindschritt durch die Stadt. Wie zufällig trifft Margaretha Krützmann an der Ecke gegenüber dem Markt den Prokurator Schlebusch vor seinem Haus. Der weiß immer mehr als alle anderen Leute. Als sie ihn ansprechen will, legt er schnell den Finger auf den Mund und sagt leise: «Reg dich nicht auf, min Deern, wir haben sichere Nachricht, daß die Russen kommen. Sie stehen schon bei Schwarzenbek». Und er hatte recht. Die letzten Franzosen zogen noch in der Nacht eiligst ab. Hans Krützmann war gerettet.

Am nächsten Morgen zog Tettenborn, ein geborener Badener in russischen Diensten, mit den verbündeten Russen in Bergedorf ein. Er war gekommen, um Hamburg zu befreien. Ein schlanker, kräftiger Mann mit ungeheurem Schnurrbart und sterngeschmückter Brust soll er gewesen sein. In Hamburg wurde er mit Glockengeläute, Kanonendonner und Ehrenjungfrauen mit Blumen und Kränzen begrüßt. Die Bergedorfer waren wohl bescheidener mit Jubel zum Empfang, denn die harten Zeiten der Belagerung hatten ihre Spuren hinterlassen. Nur ein glückliches Paar hat es an diesem Tag bestimmt gegeben: Margaretha und Hans Krützmann, dem Tettenborn das Leben gerettet hatte.

Der Badener in russischen Diensten war aber nur mit 2000 Mann gekommen und mußte sich schon nach zwei Monaten vor den französischen Truppen unter Vandamme wieder zurückziehen. Nun begann das schlimmste Jahr für Hamburg und auch für Bergedorf. Die Völkerschlacht bei Leipzig war längst geschlagen. Das übrige Deutschland war befreit.

Krankheit und Hunger herrschten in Bergedorf. Man suchte sich daher auf geheimen Wegen Lebensmittel und Stoffe zu beschaffen. Es gab einen Weg an der Wentorfer Grenze, über den englische Waren hereingeholt wurden. Wegen der Kontinentalsperre waren Importe streng verboten. Den Zollbeamten gegenüber erklärte man sie als sächsische Stoffe und amerikanische oder spanische Kolonialwaren. Die englischen Waren kamen über Helgoland und die Eidermündung aufs Festland nach Dänemark. Das Herzogtum Lauenburg war damals dänisch. Der Weg, über den die notwendigen Güter eingeschleust wurden, hieß noch vor einigen Jahrzehnten allgemein der Schmuggelweg.

Das allerschlimmste Jahr war die Zeit vom 30. Mai 1813 bis zum 30. Mai 1814, als Generalgouverneur Davoust mit größter Strenge die Befestigung Hamburgs betrieb. Der 1. Dezember 1813 wäre für Bergedorf fast verhängnisvoll geworden. An diesem Tag hatte General Davoust sein Hauptquartier in Bergedorf aufgeschlagen. Er traf alle Vorkehrungen zum Schutz des Städtchens vor einem Überfall durch russische Kosaken: Die Straße nach Wentorf, damals mehr ein Knickweg, wurde gesperrt durch Niederhauen von Bäumen und Errichtung von Palisaden. Die Wache am Sachsentor wurde verstärkt. Die

Mühlbrücke wurde abgeschlagen. Unter die Serrahnsbrücke wurden Pulverkisten, Teertonnen und Granaten gelegt. Davoust hatte Befehl gegeben, die Stadt beim Einzug der Russen in Brand zu schießen. Dieser Plan wurde aber durch die Fürbitte eines französischen Fourriers verhindert. Er stellte dem Marschall vor, daß gerade die Bergedorfer sich am freundlichsten gegen französische Verwundete bewiesen hätten. Drei Verwundete aus dem russischen Feldzug hätten hier zuerst gastliche Aufnahme gefunden, nachdem sie in anderen Städten abgewiesen worden waren. Davoust schenkte dieser Fürsprache Gehör. So blieb Bergedorf unversehrt erhalten.

Hans Krützmann soll sich vorsichtshalber während der erneuten französischen Besatzung in einem sicheren Versteck aufgehalten haben.

Rose von Bergedorf

Als Ida Karoline Krützmann sieben Jahre alt war, nahm ihre große Schwester Rosette sie oft mit in den Garten am Deich «wegen des Anstands». Einige Jahre vorher war es Rosette noch unbequem gewesen, beim Spielen den Schlüssel für die Pforte erst aus dem Haus zu holen. Sie kletterte mit ihrer Schwester Auguste und den Jungens aus der Nachbarschaft einfach übers Gitter. Kam ihr Vater dazu, feuerte er die Mädchen noch an: «Man gau, Rosette, fix Guste, lat de Jungs nich toirst öwert Tor kommen!» Seine Mädchen sollten unbedingt schneller sein als die Jungens.

Heute schloß sie das Tor auf und schritt erwachsen hindurch. Ähnlich war es damals beim Glitschen. Wenn es fror, goß Frau Peters vor ihrem Haus am Pool, einem großen Platz wie der Mohnhof, einen Eimer Wasser aus. Bald war das Eis glatt und die Kinder glitschten in langer Reihe hintereinander über die Eisbahn. Dann konnte sich Johann Krützmann diebisch freuen, wenn seine Mädchen am weitesten kamen und am geschicktesten waren.

Als Rosette 1855 mit 15 Jahren die Schule von Herrn Magers verließ, war es im Städtchen nicht unbemerkt geblieben, daß sie bereits ziemlich viele Verehrer hatte. Besonders eifrig waren die jungen Herren des Ausländerinstituts von Doktor Bülow. Das war natürlich Herrn Magers auch bekannt. Schließlich lag seine Schule ganz in der Nähe. Es veranlaßte ihn, das Betragenszeugnis von Rosette Krützmann sehr poetisch, ganz individuell und für alle Bewohner des Städtchens verständlich abzufassen. Er schrieb hinein: «Es sind die schlechtesten Früchte nicht, woran die Wespen nagen!»

Mit 17 Jahren war Rosette erwachsen. «Es schickte sich dann nicht», wenn sie allein in die Gärten ging. Wohlweislich wählte sie die kleine Schwester als Anstandswauwau, denn zufällig lustwandelten immer einige Verehrer an der Hecke vorüber.

Wenn Rosette auch zuerst immer eifrig zwischen den Spargelbeeten weiter arbeitete, lockten ihre Kavaliere mit dem Rezitieren schöner Verse: «Wär' ich auf der Frühlingsaue nur das Lüftchen, das sie fühlt, nur ein Tropfen von dem Taue, der um sie die Blumen kühlt . . .» Es konnte nicht ausbleiben, daß Rosette mit Verehrern über die Hecke hinweg plauderte. Schließlich war sie siebzehn und in dem Alter, in dem man sich verlobte.

Die Bälle fanden damals größtenteils in der Rotunde von «Portici» im Italienischen Viertel in Bergedorf statt. Der seinerzeit aufsehenerregende Bau der Gaststätte war wie der alte Bahnhof am Neuen Weg, von dem Hamburger Architekten Chateauneuf entworfen. Beide Dächer trugen als Krönung eine «Laterne». Das Etablissement stand im großen Garten an der Brookwetter gegenüber dem Colosseum. Die achteckige Anlage war von einem Umgang um den vorderen Teil der Rotunde umgeben, dessen Dach von Holzsäulen getragen war. Im Inneren an den hohen Fenstern hatte man mit Blattpflanzen abgeteilte Nischen eingerichtet, in denen an kleinen Tischen die Eltern saßen. In der Mitte des Saales sprudelte ein Springbrunnen zwischen Blattgewächsen. An die Rotunde schloß sich der Festsaal an. Wenn ein Kavalier mit Vatermörderkragen seine Dame mit Krinoline und breitem Ausschnitt, der die Schultern frei ließ, aufgefordert hatte, tanzte er einmal mit ihr um den ganzen Saal herum. Dann machte er seine Verbeugung, reichte ihr seinen Arm und führte sie durch die rechte Tür in die Rotunde zur Abkühlung. Er ging mit ihr an den Tischen der Eltern vorbei zur zweiten Tür und tanzte wieder mit ihr durch den Saal.

Rosette Krützmann wurde bei den Bällen sehr zum Ärger der Bergedorfer Söhne viel zu oft von jungen Kaufleuten aus Hamburg aufgefordert, die sich gern mit Bergedorferinnen verheirateten.

Rosette Krützmann muß ein sehr hübsches junges Mädchen gewesen sein, denn sie wurde allgemein «die Rose von Bergedorf» genannt. Trotz vieler Tänzer und ernsthafter Verehrer gehörte ihr Herz jedoch dem jungen Spanier Rosali aus dem Ausländerinstitut von Dr. Bülow. Um ihm den Wind aus den Segeln zu nehmen und aus Angst, er könnte ihnen zuvorkommen, hielten gleich drei ehrenwerte Bergedorfer bei Rosettes Vater um ihre Hand an: Behrens,

Güldenpfennig und Theo Gerstenkorn. Dazu noch Arthur Meyer, der Kaffeemakler aus Hamburg.

Als Rosette an einem ungenannten Tag des Jahres 1858 feierlich ins Zimmer gerufen wurde, wo ihr Vater ihr die vier Bewerber zur Wahl stellte, war sie tief enttäuscht und sagte sehr entschieden: «Ich will keinen von ihnen!» Schließlich dachte sie heimlich nur an ihren Spanier. Da sprach nach Sitte der Zeit der Vater sein Machtwort: «Wer weiß, ob dir so etwas noch einmal geboten wird; einen von ihnen mußt zu nehmen.» Und die Mutter sagte: «Achtung und Vertrauen sind die Hauptsache, alles andere kommt von selbst.»

Nach kurzem Besinnen entschloß sie sich dann als gehorsame Tochter für den Hamburger Arthur Meyer. Als Tänzer hatte sie ihn immer ganz gern gehabt, obgleich er meistens sehr gelehrt, korrekt und ein bißchen pedantisch wirkte. Als Bräutigam konnte sie ihn sich kaum vorstellen. Die Eltern hatten das Zimmer verlassen und wollten dem glücklichen Bewerber die Wahl ihrer Tochter verkünden. Als jedoch Arthur Meyer ins Zimmer trat, um seine Braut in die Arme zu schließen, war Rosette verschwunden. Auf sein Rufen bekam er keine Antwort, bis er sie hinter einem großen Mahagonischrank entdeckte, hinter dem sie sich vor lauter Verlegenheit und Schüchternheit versteckt hatte. Doch plötzlich fiel sie ihm mit dem Seufzer «ach, Arthur» um den Hals. Die Ehe ist sehr glücklich geworden.

Kurz nach der Verlobung mußte Arthur Meyer nach England reisen. Seine Braut sollte ihm wegen der Weiterbildung auf seine englischen Briefe englisch antworten. Rosette bat ihren Vater um die Erlaubnis zur Teilnahme an Abendkursen bei Herrn Magers, denn ihre Briefe sollten Arthur gefallen und seiner Korrektheit entsprechen. Die Mutter war nicht ganz damit einverstanden, denn sie meinte, Hausstand und Aussteuer seien jetzt die Hauptsache für ein junges Mädchen. Aber Johann Krützmann war da verständnisvoller. Er sagte: «Lat de Deern doch engelsch liern, wenn se dat will.»

Die Briefe von Arthur Meyer an seine Rosette, «die Rose von Bergedorf», während der Verlobungszeit waren mit roter Tinte geschrieben. Damit auch alles klar war, was er damit meinte, stand links in der Ecke: Red ink is the colour of love! (Rote Tinte ist die Farbe der Liebe).

«Wach' heraus!»

Zu den Unternehmungen des Jahres 1838 gehörte auch der Bau einer neuen Wache bei der Kirche, wo heute das Gemeindehaus steht. Seit 1817 hatte Bergedorf wieder eine kleine Garnison: ein Sergeant, drei Corporale, zwölf Mann – aber nur zwei gediente. Es war eine ziemlich klägliche Gesellschaft. 1843 hieß es: «Die halbe Stadtwache war invalid und sah aus wie das Personal eines Armenhospitals in Uniform.»

Die Bergedorfer Jungen waren mit den Stadtsoldaten gut Freund. Sie prüften das Gewicht ihrer Gewehre und untersuchten die Patronentaschen, in denen gewöhnlich statt Munition Speck und Butterbrote steckten. Hinter dem Rücken des kleinen Wachsoldaten Garlow riefen sie gern laut: «Wach' heraus» und freuten sich diebisch, wenn der leicht reizbare und aufbrausende Mann, aus dem späten Mittagsschlaf aufgescheucht, aus der Wache hervorstürzte und präsentierte. Denn wenn der Herr Amtsverwalter passierte, mußte die Wache unters Gewehr treten.

Über den Soldaten Garlow erzählt man sich heute noch eine Geschichte, die 1838 passiert sein soll, als der König von Hannover während seiner Durchreise im Gasthof «Stadt Lübeck» Quartier genommen hatte.

Der König besuchte den Schloßgarten, wo ihm die kleine Gestalt des Stadtsoldaten Garlow in seiner altmodischen Uniform auffiel. Als sich Majestät erkundigte, zu welchem Militär denn dieses wunderliche Exemplar eines Soldaten zugehöre, antwortete Garlow schlagfertig, indem er auf sein Schild zeigte: «Dem stärksten Militär der Welt, Majestät; denn in der Bibel steht: Niemand kann zween Herren dienen. Wir aber dienen dreien, nämlich Hamburg, Lübeck und Bergedorf!»

Die steinernen Schloßkugeln 1420

Den Eingang zum Schloßgarten bildete früher ein
schwerer, viereckiger Ziegelsteinbau, mit Schieß-
scharten gekrönt. Ein Torbogen mit einem kleinen
Tunnel dahinter öffnete den Blick auf das Schloß.
An der rechten Tunnelwand stand ein großer, grauer
Grabstein mit verwitterter Schrift, die man kaum
noch entziffern konnte. Echte Bergedorfer aber
kannten den Text: «Hier ward Diederich Schreige
dotschaten . . .» Er war einer der Belagerer, der 1420
bei der Erstürmung des Bergedorfer Schlosses gefallen war.

Links außen über dem Torbogen (unter dem Seiten-
türmchen des Schlosses) war eine faustgroße Steinku-
gel eingemauert worden zum Andenken an die Ein-
nahme des Schlosses.

Es war früher eine der Residenzen der Lauenburger Herzöge gewesen. Man betont heute, daß es nie
ein Raubritternest gewesen sei. Schließlich waren die
Lauenburger Fürsten des Reiches und keine Räuber
gewesen, wenn man von einigen Gewalttaten ab-
sieht . . .

Der Anlaß, daß die Hansestädte Lübeck und
Hamburg 1420 zum Schwert griffen, waren Lübecks

berechtigte Ansprüche auf das Bergedorfer Schloß. Herzog Erich III. hatte es Lübeck 1370 gegen eine hohe Summe Geldes verpfändet, aber seine Schulden nie zurückgezahlt. So kam das Bergedorfer Schloß in den Besitz der Lübecker.

Als der Herzog 1401 starb, wurde Erich V. sein Nachfolger. Der war aber mit der Lage der Dinge nicht einverstanden. Er ritt eines schönen Tages unternehmungslustig mit großem Gefolge nach Bergedorf, «um das Schloß seiner Väter zu besichtigen». Man ließ ihn höflich ein; aber als er drinnen war, warf er die Lübecker mit seinen Rittern aus dem Haus und behauptete, es wäre der angestammte Besitz seines Geschlechts. Lübeck, durch innere Streitigkeiten geschwächt, mußte sich fügen. Erich V. zeigte sich bei keiner Gelegenheit zu Verhandlungen oder Entgegenkommen bereit; auch bei Beschwerden der Hamburger nicht.

1419 war Erich V. in die Mark Brandenburg eingefallen. Dadurch hatte er sich die Feindschaft des Kurfürsten Friedrich I. zugezogen und war von ihm besiegt worden. Nun war die Zeit für die beiden stolzen Hansestädte gekommen, um Rache zu nehmen für die «Gewalttaten, Angriffe und Schäden ...» Lübeck und Hamburg brachten 811 Reiter, 2000 Mann Fußvolk und 1000 Mann zur Bedienung der Geschütze auf den Weg, die am Abend des 11. Juli in Bergedorf eintrafen. Das Städtchen wurde schon am nächsten Morgen genommen, geplündert und niedergebrannt.

Dann richteten die Lübecker und Hamburger ihre

Kanonen auf das Schloß. Aber die Belagerten wehrten sich tapfer. Nach vier Tagen griffen die Städte zu einem anderen Mittel: bei Tagesanbruch legten sie vor dem Burgwall ein gewaltiges Feuer an. Sie nahmen dazu Stroh, Teertonnen und Büchsenpulver. Von Rauch und Qualm aufs äußerste gequält, zogen sich die 40 Verteidiger ins Schloß zurück. Die Städter brachten darauf die Geschütze auf dem Wall in Stellung und richteten sie unmittelbar auf das Schloß. Die 40 Verteidiger sahen, daß sie gegen die Übermacht nichts ausrichten konnten und daß Herzog Erich ihnen nicht zur Hilfe kam. Sie entschlossen sich daher, das Schloß an die Städte zu übergeben unter der Bedingung des freien Abzugs für sich und ihre Angehörigen sowie ihre Habe. Die Bedingung wurde gewährt. Die Verteidiger übergaben die Schlüssel den beiden Bürgermeistern der Hansestädte. Die Banner von Lübeck und Hamburg wurden auf dem Schloß aufgepflanzt. Im Frieden von Perleberg am 25. August 1420 traten die Lauenburger Herzöge das Bergedorfer Schloß auf ewige Zeiten an Lübeck und Hamburg ab. 1868 kaufte Hamburg die Lübekker Anteile für 200 000 Thaler.

Als um die Jahrhundertwende das Schloß und auch der Schloßgraben überholt wurden, fand man im Schlamm viele alte Steinkugeln, die die Kanonen 1420 gegen die Mauern des Herzogschlosses abgefeuert hatten. Sie wurden im Schloßhof zu einer großen Pyramide aufgeschichtet. Eine Kugel davon fand im äußeren Torbogen links oben am Torturm ihren Platz. Sie war grau in der Farbe und etwa faustgroß.

Auf dem Haufen im Schloßhof lagen aber auch einige größere Kugeln aus gelblichem Sandstein.

Wer das Geländer der Brücke über dem Schloßgraben nun einmal näher betrachtet, entdeckt, daß alle Pfeiler zwischen den Eisenstäben mit glatten, gelblichen Sandsteinkugeln geschmückt sind.

Man erzählt sich, daß dieses Geländer mit den Vierkant-Eisenstäben und den Pfeilern dazwischen vor etwa achtzig Jahren errichtet worden ist. Die schönen neuen Kugeln auf den Pfeilern reizten einige Bergedorfer Jungen. Sie besorgten sich starkes Werkzeug und schlichen zur Schloßgrabenbrücke. Als sie sich überzeugt hatten, daß niemand in der Nähe war, ging der Spaß los: Mit aller Kraft schlugen sie die Kugeln von ihren Sockeln und freuten sich, wenn die gerundeten Sandsteine hinuntertrudelten und ins Wasser platschten. Das sind also die großen Kugeln von 1420. Nur die kleinen auf dem Haufen im Schloßhof sind echt!

Die Höhere Töchterschule
von Herrn Magers

Bergedorfs Söhne und Töchter sollten gebildet in die große und kleine Welt hineingehen. Also mußte eine Schule her. Zunächst gründete Pastor Holm eine Warteschule etwa um 1860, in der Mitglieder des Frauenvereins sich täglich in der Betreuung kleiner Kinder abwechselten. Dann kamen die Kinder zur Grundschule und die Mädchen aus den besseren Bergedorfer Familien besuchten die Höhere Töchterschule von Herrn Magers in der Töpfertwiete. Das Lehrprogramm dieser Privatanstalt war straff und «fürs Leben eingerichtet». Ehemalige Schülerinnen konnten noch bis ins hohe Alter die einstmals auswendig gelernten Gedichte, Lieder und Bibelverse ohne Stocken aufsagen und herschnurren. Auch das 1 × 12, 1 × 24 und 1 × 48 mußte damals mit zungenbrecherischer Schnelligkeit aufgesagt werden können, weil man in Bergedorf im vorigen Jahrhundert mit Thalern, Schilling und Dreier im Zwölfersystem rechnete. Das wurde aus praktischen Gründen in der Schule so gepaukt, daß es ein Leben lang festsaß.

Zu einer guten Erziehung gehörte auch eine gute Schrift. Alle Schülerinnen von Herrn Magers lernten ebenso gestochen schreiben wie er selbst. Herr Magers schrieb 1885 in seiner ihm eigenen Schrift in das Poesiealbum einer Schülerin folgenden selbstverfaßten Vers:

Die schönsten Stunden unsres Lebens
Gewährt uns doch die Jugendzeit.
Beklagen muß man's, dem vergebens
Verfließt, was ihm Erziehung beut.
Im Geist blick' ich noch oft zurück
Auf Tage, die mein ganzes Glück!
Zur freundlichen Erinnerung an deinen alten,
dir wohlgeneigten Lehrer J. G. C. Magers.

Jedes Jahr zu Ostern ließ Herr Magers aus London eine junge Dame kommen, die an seiner Schule englischen Sprachunterricht geben mußte. Sie durfte keine Deutsch-Kenntnisse besitzen. Eine gute Schülerin seines Instituts wählte er dann aus, die dem englischen Fräulein Deutsch beibringen mußte.

Französisch gab Frau Magers selbst. Sie war einige Zeit in Frankreich gewesen. Auch der Handarbeitsunterricht war erstklassig. Die Frauen nähten vor hundert Jahren noch vieles mit der Hand, was heute einfach fertig gekauft wird. Zur Aussteuer einer besseren Bergedorferin gehörten allein zwölf Paar selbstgestrickte, weiße, baumwollene Strümpfe. Außer dem Auswendigpauken des Einmaleins muß es mit dem Rechnen damals nicht so sehr weit hergewesen sein. Schwierige Aufgaben wurden der Stillbeschäftigung überlassen. Herr Magers, der im Schulhaus wohnte, nahm die Hefte mit nach oben, korrigierte sie und brachte die richtige Lösung mit in den Unterricht. Er soll sie ohne ein Wort der Erklärung den Schülerinnen zurückgegeben haben. Jedoch ist darüber nichts Verbindliches von ehemaligen Schülerinnen überliefert worden.

In der deutschen Grammatik sollen die Schülerinnen ähnlich selbständig gearbeitet haben. Ein Abschnitt zur Satzteilbestimmung wurde aufgegeben. Die Mädchen mußten sich ohne Vorkenntnisse an die Arbeit machen. Allmählich wären sie dann schon dahintergekommen, was Subjekt und Prädikat bedeuteten. Herr Magers korrigierte dann die Arbeiten in seiner Wohnung.

Modern und großzügig mutet das «Springen» an. War eine Schülerin begabt und ihren Mitschülerinnen voraus, so konnte sie in die nächsthöhere Klasse springen, wenn Herr Magers es für richtig hielt. Wie sie sich in das neue Pensum einarbeitete, war ihre Sache.

Ferien gab es drei Wochen im Sommer. Nur die Festtage zu Ostern, Pfingsten und Weihnachten waren frei. Man feierte allerdings drei Tage. Hitzeferien gab es nicht. Wenn es in den kleinen Schulstuben zu heiß wurde, stand in der Pause ein Eimer mit Wasser in dem kleinen Hof. Daran hing an einer Kette ein Becher zum Trinken. Die Schülerinnen waren es nicht anders gewohnt. Niemand wäre auf den Gedanken gekommen, sich darüber etwa zu beklagen, auf Hygiene achtete man damals noch nicht.

Im Zeichenunterricht mußten die älteren Schülerinnen Gesichter nach Vorlagen zeichnen. Die lieblichen Gesichter mußten mit einem spitzen Bleistift abgezeichnet werden. Die spitzesten Bleistifte waren Herrn Magers aber noch nicht spitz genug. Er schärfte sie selbst bis zur letzten Feinheit nach. Dann erst begann die Korrektur. Den Mädchen klopfte jedesmal ängstlich das Herz. Ob ihr wohlgelungenes Kunstwerk auch vor den Augen des strengen Herrn Magers bestehen würde? Aber der Lehrer stach gern mit seinem scharfen Bleistift in die Augen der Schülerzeichnungen hinein und gab somit seinem Mißfallen Ausdruck.

Schrecklich in der Erinnerung war bei den ehemaligen Schülerinnen der Nachmittagsunterricht im Sommer. Den Mädchen sank oft vor Müdigkeit der Kopf auf die Arme und sie schliefen richtig ein. Herr Magers soll darüber großzügig hinweggesehen haben.

Eines Tages erschien Ida Karoline Krützmann stolz und elegant mit einer Krinoline in der Höheren Töchterschule. Sie fühlte sich in dem damals modisch begehrten Rock sehr erwachsen und drehte sich apart vor ihren Mitschülerinnen hin und her. Das war nichts für Ida Ed in der gleichen Klasse. Als Ida Krützmann sich voller Würde und Prachtentfaltung ans Ende der langen ersten Bank setzte, nahm Ida Ed einen Anlauf, rutschte mit Geschick die glatte Bank entlang und prallte mit Schwung gegen den Reifen der Krinoline. Da diese biegsam nachgaben, wiederholte Ida die Übung und sprang erneut gegen den gereiften Rock von Karoline, die empört und in die Enge getrieben in ihrer Ecke am Fenster saß. Ida Ed

37

gab keine Ruhe unter dem Gekicher der anderen Mädchen, bis endlich die Krinoline krachend in sich zusammensank und Ida Krützmann mit geknickten Fischbeinreifen nach Hause gehen mußte.

Die kleinen Mädchen schoben sich damals Tonnenreifen in den Unterrocksaum, um eine Krinoline vorzutäuschen und den erwachsenen Damen zu gleichen. Karoline Krützmann und Ida Ed lagen sich gern in den Haaren, wobei Karoline den Neid in Ida mit aller List hervorzulocken wußte. Eines Tages hatte Karoline ihren neuen rosasamtenen Hut zur Schule aufgesetzt. Wozu braucht man ein so elegantes Stück gerade zur Schule zu tragen! Nach dem Unterricht ist er denn auch verschwunden. Die Aufregung ist groß. Lehrer und Schülerinnen suchen überall. Am eifrigsten ist Ida Ed dabei. Endlich ruft sie laut: «Oh, Ida Krützmann, komm schnell her, guck mal, wo ich ihn gefunden habe!» Als die Besitzerin voll böser Ahnung herzueilt, zieht sie den neuen Hut verbeult und verbogen, grau und unansehnlich aus dem Ascheimer. Karoline hat später behauptet, Ida habe den Hut aus Neid selbst in den Eimer gesteckt. Nur beweisen konnte sie es nicht.

Übrigens ist Ida Boy-Ed in den zwanziger Jahren eine bekannte Schriftstellerin geworden. Sie kämpfte in ihren Werken mutig für die Befreiung und Gleichberechtigung der Frau. Ihre Begabung hatte sie von ihrem Vater geerbt, der das erste Wochenblatt in Bergedorf herausgab. Sie selbst mußte sich gegen den patriarchalischen Despotismus im Lübecker Patrizierhaus ihres Schwiegervaters auflehnen, als sie anfing zu schreiben. Als sie ihrem Schwiegervater aber ihr erstes Honorar auf den Tisch legen konnte, sagte der alte Kaufherr anerkennend und achtungsvoll: «Ja, wenn es Geld einbringt, habe ich nichts dagegen.»

Der «King» auf dem Schützenfest

Die Bergedorfer teilten früher das Kalenderjahr nicht nur nach den kirchlichen Festen Weihnachten, Ostern, Pfingsten ein, sondern auch nach den volkstümlichen: Bergedorfer Markt und Schützenfest.

Nach 1848 verlor die Bürgerwehr ihren kriegerischen Charakter und entwickelte sich unter ihrem Hauptmann Dr. Bülow zur friedlichen Schützengesellschaft, die sich jedoch verpflichtet hatte, in Notzeiten für Ruhe und Ordnung zu sorgen. Der erste Schießstand war gegenüber den Knickanlagen in der jetzigen Chrysanderstraße.

Das Schützenfest wurde 1850 zum ersten Male abgehalten. Es entwickelte sich schnell zu einem allgemein beliebten Volksfest. 1856 mußten bereits Extrazüge von Hamburg eingesetzt werden, um einige Tausend Besucher nach Bergedorf zu befördern. Erfrischungs- und Tanzzelte waren aufgebaut. Die Kapelle des Stadttheaters spielte auf. Abends gab es sogar Festbeleuchtung und Papierlaternen. Bis 1914 war das Schützenfest ein echtes Sommerereignis. Ganz Bergedorf ging hin. Die Stadt war festlich mit Eichenkränzen und grün-weißen Bergedorfer Fahnen mit den drei Eichen geschmückt. Der bevorzugte

Festtag war der Montag, der eigentliche Bergedorfer Tag. Sonntags kamen die Hamburger. Aber die Jugend war schon am Sonnabend-Abend wie elektrisiert, wenn die Schützen zum Zapfenstreich ausmarschierten. Die Begeisterung steigerte sich am Sonntagmittag, wenn man die Musik von weitem hörte: «Sie kommen, nichts wie hin!» Alt und jung begleitete dicht an dicht die Schützen in ihren schmucken Uniformen mit weißer Hose und grüner Jacke. Die Zuschauer säumten die Wege bis hinauf zum «Schießtal». Das lag am Eingang vom «Gehölz», dem heutigen Stadion.

In der Mitte des Tales unter den alten Eichen spielte das Orchester im girlandengeschmückten Musikpavillon. Dahinter rechts, nahe am Abhang, luden die Luftschaukel und Karussells mit ihrer wunderschönen Dudelmusik zum Vergnügen ein. Die Erwachsenen saßen mit Freunden und Bekannten an langen Tischen vor den Erfrischungszelten auf der anderen Seite des Tales, während die Jugend sich vergnügte.

An einem herrlichen, sonnigen Festtag vor dem ersten Weltkrieg hatten die Schützen einen ganz besonderen Ehrengast: den Präsidenten von Liberia, einen Freund von Max Dinklage, der eine leitende Stellung bei der Woermann-Linie hatte und zugleich deutscher Konsul in Monrovia war. Sehr privat nannte Dinklage den Präsidenten «King», was natürlich seine Bergedorfer Familie sofort und gern übernommen hatte.

Der Präsident von Liberia hatte während einer

Europareise Sehenswürdigkeiten in London und Paris bewundert. In Berlin hatte er Kaiser Wilhelm besucht. In Hamburg zeigte Konsul Dinklage seinem farbigen Gast den Hafen, Blohm & Voß, Hagenbeck, die Alster und das Uhlenhorster Fährhaus. Der Präsident muß geradezu überwältigt gewesen sein von den vielen neuen Eindrücken. Deshalb freute er sich auf ein paar ruhige Tage in Bergedorf bei seinem Freund, Konsul Max Dinklage.

Hier war nun gerade Schützenfest. Max Dinklage wußte genau, was seinem afrikanischen Freund nach den anstrengenden offiziellen Besichtigungen und Staatsempfängen Spaß machen würde: er führte ihn ins Schießtal. Die Schützen marschierten gerade auf. Herr Voges, der Direktor des Eisenwerks und Präsident der Schützengilde, begrüßte in seiner Ansprache den Gast aus Afrika. «Es wäre ihnen eine große Ehre . . .» dann folgte ein Tusch. Und damit begann das lustige Treiben im Schießtal. Der «King» hatte seinen Spaß daran. Er hatte ein unverbildetes Gefühl für die allgemeine echte Freude von jedermann an diesem Bergedorfer Volksfest, zudem war er eine genau so selbstsichere, kraft- und humorvolle Persönlichkeit wie Max Dinklage. Er machte einfach alles mit: Er fuhr Karussell, er haute den Lukas, daß der kleine Holzmann oben am Pfahl koppheister schoß. Er zeigte natürlich auch, daß er sehr wohl schießen und treffen konnte. Bei Korbmacher Bartelmann drehte er das Glücksrad. An den Grabbeltischen sorgte er dafür, daß alle herumstehenden Kinder etwas bekamen. Und er aß alles, was es gab: Türkischen Honig, Kuchen und Knackwürste, bis er tüchtigen Durst auf kühles Bergedorfer Bier bekam. Dann sah er zu, wie sich Mütter mit ihren Kindern, Alte und Junge, nach den flotten Melodien der Regimentsmusik im Tanze drehten. Tanzen mochte er nicht. Die afrikanischen Rhythmen, die ihm wohl gelegen hätten, waren damals noch nicht modern; die sanften Töne im Schießtal waren ihm zu fremd.

Als er hörte, daß am folgenden Sonntag «Königsschuß» sei, wollte er unbedingt wieder zum Schützenfest. Er machte auch an diesem Tage alles mit, kaufte sich einen Luftballon und band ihn an seinem Jackenknopf fest, damit er nicht davonflöge, aß voller Genuß einen Spickaal und trank das nötige Bier dazu. Dann kaufte er Lose für die Tombola und gewann einen Kinderwagen! Die Bergedorfer juchten vor Freude. Afrikaner sind zwar kinderlieb, aber was sollte er hier damit? Kurzentschlossen überreichte er das Gefährt einer jungen Frau, die in seiner Nähe stand. Freudestrahlend zog die Beschenkte damit ab. Der «King» hatte nun die Herzen der Bergedorfer gewonnen; das war ein Ehrengast nach ihrem Sinn, ein ganzer Kerl!

Abends gab es Feuerwerk. Die Hänge des Schießtals leuchteten zauberhaft rot und grün auf im bengalischen Licht. Die Raketen krachten und sausten immer höher in die Luft. Der Goldregen sprühte leuchtend auseinander, daß die Leute Ah und Oh schrien. Der Präsident riß Mund und Augen auf; so etwas hatte er noch nicht gesehen! Das Bergedorfer Schützenfest war zu schön! Und das Bergedorfer

Bier schmeckte ihm so gut, daß Max Dinklage den «King» kräftig stützen mußte, um ihn heil nach Hause zu bringen. Weit war der Weg zur Heuerstraße, dem heutigen Duwockskamp, nicht. Der Präsident sang laut und angeheitert am Arm seines Freundes.

Als Max Dinklage seinen Gast schließlich an Bord des Woermann-Dampfers nach Liberia im Hamburger Hafen verabschiedete, soll der «King» gesagt haben: «Ich habe unheimlich viel auf meiner Reise durch die europäischen Hauptstädte gesehen. Richtig wohlgefühlt habe ich mich aber erst bei euch auf dem Bergedorfer Schützenfest.»

Fräulein Martens und die Luisenschule

Als Herr Magers seine Höhere Töchterschule aufgeben wollte, bat Rathmann Soltau «wegen des dringenden Bedürfnisses hierselbst» Mathilde Hipp und Erna Martens in Bergedorf eine private Höhere Mädchenschule zu eröffnen. Beide waren einverstanden und holten bis Ostern 1888 schnell das Vorsteherinnen-Examen nach und mieteten das Haus Am Baum 1. Nun besuchten sie alle Familien in Bergedorf, deren Töchter für ihre neue Schule in Frage kommen würden.

Am 14. April 1888 wurde die Luisenschule mit sechsundvierzig Schülerinnen und neun Lehrerinnen eröffnet. Sie erwarb sich schnell die Achtung und Anerkennung der Bergedorfer Eltern. Es wurde zwar ein strenges Regiment gehalten: Betragen und Ordnung mußten erstklassig sein. Fräulein Hipp und Martens brachten ihren Schülerinnen solides Wissen bei. Außerdem waren sie auch allen modernen Bestrebungen aufgeschlossen.

Als die Montessori- und Wetekamp-Methoden aufkamen, mußte Fräulein Schuback die Kleinen mit Lesekästen, Stäbchenlegen und Kneten unterrichten. Als das «Schwedische Turnen» und die Bodenübungen modern wurden, führte sie auch die neue Turn-kleidung ein. In den neuartigen Turnhosen kamen sich die Schülerinnen sehr genierlich vor. Die blauen Gabardine-Rückhosen fegten natürlich jedes Sprung-band herunter und waren recht unpraktisch. Später trug man eine enge dunkelblaue Hose mit Bündchen unter dem Knie und einen blau und weißen Sweater. Auch das rhythmische Turnen mit Klavierbegleitung und Volkstänzen wurden fleißig geübt.

In Musik und Zeichnen sorgte Fräulein Martens für die besten Fachkräfte. Frau Lewalter übernahm den Musikunterricht. Sie war die Schwester von Julius Spengel, der lange Jahre den Cäcilienverein in Hamburg leitete. Fräulein Schrader ließ Schmetter-linge, Blumen und Vögel nach der Natur zeichnen. Ansonsten arbeitete man gewöhnlich noch nach Vor-lagen, die millimetergetreu abgemalt werden mußten.

Als die ersten Mädchen in Hamburg eben vor dem ersten Weltkrieg ihr Abitur machen durften, wurden in der Luisenschule auch Lateinkurse eingerichtet, ob-gleich die Schule nur zur Mittleren Reife führte. Statt einiger Zeichen-, Handarbeits- und Singstunden konn-te man sich freiwillig zum Lateinunterricht melden. Auch wer nicht studieren wollte, kam sich mit La-teinstunden bei Fräulein Cramer sehr fortschrittlich vor.

An der Luisenschule gab es nur kleine Klassen, oft bestanden sie aus kaum mehr als dreizehn Schülerin-nen. Am strengsten im Abhören mündlicher Haus-aufgaben war Fräulein Martens. Sie war damals eine der markantesten Persönlichkeiten in Bergedorf. Eine ganz besondere Anerkennung erhielt sie zu ihrem 70. Geburtstag von den Ehemännern vom Reinbekerweg. Sie bedankten sich in einem Glückwunschtelegramm dafür, daß Fräulein Martens ihre Frauen so gut erzogen hätte.

Neben der strengen Wissenschaft und dem wohlgeregelten Betragen gab es aber auch in der Luisenschule unerwartete und überraschende Auflockerungen der eisernen Zucht. Alle zwei Jahre setzten die Weihnachtsaufführungen und jedes Jahr die Sommerausflüge die Schule in Aufregung. Mit der neunten und zehnten Klasse machte Fräulein Martens schon zweitägige Ausflüge in die Holsteinische Schweiz und in die weitere Umgebung Hamburgs.

Ganz aus dem Rahmen fielen allerdings die Schneeballschlachten. Manchmal, wenn es geschneit hatte und die Schule zu Ende war, flogen die Schneebälle nicht nur zwischen den Schülerinnen hin und her, plötzlich stand auch Fräulein Martens mit ihren Lehrerinnen mitten im Schulhof und bückte sich lachend, um kunstgerecht ihr Wurfgeschoß zu formen. Die Schülerinnen zielten mit wahrer Wonne auf sie. Sie mußte manchen Treffer einstecken.

Auch nach Beendigung der Ausbildung an der Luisenschule war Fräulein Martens stets für ihre ehemaligen Schülerinnen zu sprechen. Sie stellte zum Beispiel sofort ihre Aula für ein Hasse-Hauskonzert zur Verfügung, als sie darum gebeten wurde.

Bei einer Abendgesellschaft in Bergedorf hatte Herr Speckter die Leiterin der Luisenschule getroffen. Als man sich spät verabschiedete, bot sich Herr

Speckter als Kavalier an, um sie sicher nach Hause zu begleiten. Fräulein Martens lehnte jedoch dankend ab mit der Begründung: «Wenn mir jemand etwas antun will, dann geht er nur bis zur nächsten Straßenlaterne mit. Dort sieht er nämlich, daß ich keine Schönheit bin und läßt mich meiner Wege gehen»! Sie war eine so große Persönlichkeit, daß es schön wäre, wenn man den Duwackskamp nach ihr benennen würde.

«Ick mutt wieder grööln!»

Etwa um 1820 gab es in Bergedorf acht Wächter, die als Voll- und Halbrufer stündlich die Uhrzeit antuteten. In Schafpelze gehüllt schritten sie die stockdunklen Straßen entlang. Ihre schweren Stiefel schleiften über das Pflaster und mit dem eisenbeschlagenen Schaft des Spießes begleiteten sie den Takt ihrer Schritte.

Die Stelle des Vollrufers war bevorzugt wegen der Besoldung, verlangte aber musikalische Begabung. Der alte Johann Dittmer meldete sich eines Tages, weil ein neuer Vollrufer gesucht wurde. Die musikalische Probe bestand tatsächlich nur aus dem Pusten in ein Ochsenhorn, dem der Bewerber einen kräftigen Ton entlocken mußte. Aber Johann Dittmer brachte den gewünschten Ton nicht zustande und fiel bei der Prüfung durch. Er mußte sich deshalb mit der Stelle eines Halbrufers begnügen und klagte in seinem Schmerz: «Ick weet nich, warum mi Gott so straft hett, dat ick nich tuten kann.»

Einige Jahrzehnte später lebte die Witwe Ida Kühl mit ihren zwei Töchtern in Bergedorf, wo sie ihrem Vater das Haus hielt. Eines Tages wollte sie ihre Schwester in Hamburg besuchen und mit dem letzten Zug zurückkommen. Wegen der Dunkelheit verabredete sie mit dem Nachtwächter Unkel Behrens, daß er bei der Kirche auf sie warten sollte, um sie vom Bahnhof aus nach Hause zu begleiten. Mit Horn und Spieß wartete Unkel Behrens wie besprochen gegenüber der Kirche, um Ida Kühl um die Kornwassermühle herum zum Kupferhof zu begleiten. Damals brauste noch das Billewasser, durch eine Holzrinne in die Mühle geleitet, weißschäumend über das große, hölzerne Mühlrad an der Rückseite des Hauses ins stille Schiffwasser, zur Freude aller Kinder.

Als die beiden Nachtwanderer kurz vor der Kupfermühle ankamen, blieb der Nachtwächter plötzlich stehen und rief aus voller Kehle: «De Klock hett ölm slag'n, ölm hett de Klock slag'n!» Ida Kühl fuhr erschrocken zusammen und stöhnte: «Unkel Behrens, dat weer to dull, oh, wie heff ick mi verfehrt, oh, wie heff ick mi verfehrt!»

Zu Hause angekommen, erzählte sie, «ich flog am ganzen Körper». Der Nachtwächter hatte dicht neben ihr zu laut und zu plötzlich die Stunde ausgerufen. Einige Wochen später fuhr sie wieder nach Hamburg und bestellte den Nachtwächter noch einmal zur Kirche, weil sie in der Nacht nicht allein den Weg vom Bahnhof zum Kupferhof zurücklegen wollte. Als die beiden in den schmalen, dunklen Weg hinter der Mühle einbogen, klopfte der Nachtwächter seinem Schützling vorsichtig auf die Schulter: «Verfehrs sick nich, Fru Köhl, ick mutt wedder grööln!» und schickte auch gleich lauthals seinen

Stundenruf durch das stille Städtchen: «De Klock hett ölm schlag'n, ölm hett die Klock slag'n!»

So freundschaftlich waren damals die Nachtwächter mit den Bergedorferinnen!

Das Bergedorfer Amazonenkorps
(nach einer Vorlage von Ida Boy-Ed.)

Plötzlich und unerwartet war 1848 rund um das Sachsentor eine merkwürdige Angstepidemie ausgebrochen. Man fühlte sich in Gefahr. Schließlich waren die Bürger von Hause aus dreifache Republikaner: Hamburger, Lübecker und Bergedorfer. Außerdem schwärmten sie für ein eigenes Deutschland unter einem Kaiser und wollten dazu noch eine demokratische, extra Bergedorfische Verfassung haben. Auch vor den Frauen und Mädchen hatten die komplizierten politischen Bedürfnisse nicht haltgemacht. Die Damen engagierten sich geradezu leidenschaftlich, weil sie sich wohl nicht so ganz über Ursachen und Wirkung im klaren waren. Alles schien schwerlich verworren. Das Wort «Revolutschon» zitterte durch den Pfeifendampf über den Biertischen. Wer sollte revoltieren? Gegen wen sollte sie sich richten? Niemals ist für den Braunbierpolitiker deutlicher, daß etwas geschehen muß, als wenn er durchaus nicht weiß, was denn zu geschehen hätte. Aber Hamburg, die derzeitige Machthaberin, wußte es. Wilde Gerüchte hatten sich durch die Straßen der Hansestadt gewälzt. Es hieß, das Bergedorfer Schloß sei von Bauern aus der Marsch gestürmt worden. Es habe Tote gegeben. In Wirklichkeit aber hatten die stark verschuldeten Kirchwärder vom Amtsverwalter Dr. Lindenberg die Erstattung ihrer Kriegsschulden ertrotzen wollen, die sie 1813 gemacht hatten, damit die Franzosen in Vierlanden nicht plündern sollten.

Der Hauptmann der Schloßwache hatte die Bauern aber am Schloßtor energisch abgefertigt und gar nicht erst zum Amtsverwalter vorgelassen. Auf die Gerüchte hin schickte Hamburg eine gewaltige Kriegsmacht nach Bergedorf, um die furios Gewordenen zu beruhigen. Fünfundsechzig Mann Infanterie und fünfundvierzig Mann Kavallerie unter dem Kommando des Leutnants Brabant zogen in Bergedorf ein. Plötzlich waren alle «Braunbier-Politiker» auf das angenehmste beschäftigt: Sie guckten zu. Das machte Spaß, dieses Feldlager auf dem Brink! Und dann die Einquartierungen – das war doch mal eine Abwechslung! Und was lernte man da! Hatte man noch vor kurzem mit der Gründung einer Bürgerwehr begonnen, war man nun allseits beflissen, sich mit soldatischen Allüren vertraut zu machen.

Auf der Geburtstagsfeier des reichsten Ackerbürgers von Bergedorf erfuhr der junge Pastor Holm von der Tochter des angesehenen Arztes Werland, daß die weiblichen Mitglieder einer ständigen Leserabendrunde ein Amazonenkorps gründen wollten. Das Vaterland brauchte die Frauen. Sie hofften, daß der Amtsverwalter die notwendigen Wehrübungen im Schloßpark erlauben würde. «Ah», sagte der Pastor mit kühler Amtsmiene, «da werden Fräulein

Werland wohl ohne Zweifel als Flügelmann im ersten Glied erscheinen ... Wird man dem Exerzieren mal zusehen dürfen?» «Gern», äußerte sie in hochmütiger Kürze, während der Zorn über die Anspielung auf ihre außergewöhnliche Körpermaße in ihr brannte.

Und da war auch gerade die letzte Programm-Nummer der Festtafel erledigt, die Nußtorte von Bäcker Erdmann verspeist und die Gesellschaft stand auf.

Pastor Holm wurde ganz benommen von allem, was er in den nächsten Tagen und Wochen in seiner Gemeinde erlebte. Es bestand kein Zweifel, alle braven Leute waren von einer Manie ergriffen. Er las in einem Nachschlagwerk unter Manie: «Geisteskrankheit mit raschem und überstürztem Gedankenlauf, gehobenem Selbstbewußtsein, erhöhtem Beschäftigungstrieb, bei Wegfall normaler Hemmungen. Dauert Monate und geht in Heilung über oder endet in Schwachsinn». Entsetzlich. Nein, in Schwachsinn konnte ein ganzes Gemeinwesen denn doch nicht enden. Aber wie, wann, durch wen sollte es von der Manie geheilt werden? Vergessen war plötzlich alle Politik. Man stritt nicht mehr über Erzherzog Johann und Friedrich Wilhelm IV. Man hörte nichts mehr vom einigen Deutschland und vom Kaisertum. Das Wort Verfassung fiel in keinem Gespräch mehr. Daß die Befreiung Schleswig-Holsteins die erste Tat des erwachten Deutschtums sein müsse, daran dachte niemand mehr, wenn auch gerade Bergedorf die Zollgrenze nach Schleswig-Holstein vor der Tür hatte und dadurch vom Nachbarort Sande, dem heutigen Lohbrügge getrennt war.

Man sprach, dachte und übte nur Exerzieren. Auf dem damaligen Brink, einem großen Grasplatz am östlichen Ende des Städtchens, exerzierten die Bürger. Auf dem Platz um die rote alte Kirche hielten die Schuljungen ihr Exerzieren ab. Ganz kleine Knirpse, überlebendige Bengels, gedrungen und fix, wie auch schlaksige Halbwüchsige mit zu kurzen Hosen und Ärmeln, alle nach ihrer Größe säuberlich geordnet, exerzierten.

Pastor Holm sah zuweilen auf dem Brink zu, stand auch zuweilen auf dem Kirchplatz, wo ihm der stramme Eifer der Jugend ganz wohl gefiel. Ihn quälte nur das Übermäßige, das unbestimmte Zeitlose, eben die Manie. Was sich jedoch im Schloßpark begab, übertraf jede Fantasie! Bald wußte er, wer all dies mit einer Regsamkeit und Entschlossenheit ohnegleichen lenkte – das war Heinrich Recoschewitz. Kein leerer Klang war ihm der Name mehr. Und der Pastor sah sich in dem sonderbaren Seelenzustand, diesen Mann zugleich zu achten und zu hassen.

Im hamburgischen Kontingent hatte er gedient, dieser Vielseitige, als Kavallerist und Trompeter. Aber als die Eisenbahnlinie nach Bergedorf eröffnet wurde, ahnte seine Intelligenz, welch ein Sammelpunkt des Interesses eine Bahnhofswirtschaft werden müßte; ein ganz neuer und abwechslungsreicher Platz für den Kleinstadtbürger. Er wurde also Bahnhofswirt. Und sein Unternehmen blühte! Kriegerisch, patriotisch, gesellig und musikalisch wie er

war, ahnte abermals seine Intelligenz etwas, nämlich, daß sein Eintreten in die neu sich gestaltende
Lage der Öffentlichkeit erfolgreich werden könnte.
Kein Mensch hatte einen Begriff davon, wie man es
anfangen könnte, die neugegründete Bürgerwehr mi-
litärisch auszubilden. Sie fühlte sich vorderhand
durch eine Art Vereinsbewußtsein verbunden, spürte
aber, «daß der gegenstandslose Mut, der sie beseelte,
in irgendeiner soldatischen Geste zum Ausdruck
kommen mußte, und hatte durch das Schauspiel, das
das für einige Tage hierher beordert gewesene ham-
burgische Kontingent unter Leutnant Brabant gegeben, die Richtung erkannt». Man mußte exerzieren,
darauf kam es an. Doch wo fand man einen Sachver-
ständigen? Da eilte Heinrich Recoschewitz kurzentschlossen nach Lübeck und nahm beim dortigen Kontingent Infanterieunterricht. Das gab ihm das An-
sehen, das ein Menschenalter später ein General-
stabsoberst in Preußen hatte. Er wurde sofort zum
Exerziermeister ernannt. Auch seinem Instrument
war er treu geblieben – keine Geselligkeit mehr im
Kreise der Bürger, wo Recoschewitz nicht ein ge-
fühlvolles wie auch schmetterndes Trompetensolo
blies.

Pastor Holm erwog den Versuch, dem kriegerischen Eifer dieses Meisters in die Arme zu fallen. Ein
Gespräch, von zufälliger Begegnung ermöglicht, ließ
ihn die Vergeblichkeit erkennen. Recoschewitz war
von seinen Truppen viel zu begeistert. Alle Leistun-
gen übertrafen seine Hoffnungen. Die Damen übertrafen aber wieder das Mannsvolk. «Sauber, sag' ich

Ihnen! Sind Herr Pastor schon mal dagewesen? Alle Nachmittage von 5 – 6 Uhr, direkt sehenswert!»

Aber der Pastor nahm sich sofort vor, den ermunternden Worten des Exerziermeisters Recoschewitz keinen Einfluß auf sich zu gestatten. Er würde bestimmt nicht hingehen und das weibliche Schauspiel betrachten. Aber eines Tages, als ihn die Anlagen des alten busch- und baumreichen Schloßgartens umfingen, hörte er den schmetternden Klang der Trompete. Das mußte Recoschewitz sein. Er blies seinem Amazonenkorps «Die Post im Walde» vor, ein neues Stück, das wegen seiner hinschmelzenden Innigkeit den Hörern unersättlichen Genuß bereitete. Darauf ging es also hinaus: Ein Stündchen im Grünen mit Musikbegleitung! dachte der Pastor bei sich. Mit wohlwollendem Lächeln, die Brust erfüllt von Nachsicht mit dem fälschenden und bedrohlichen Wort Amazonenkorps, ging er dem Klange nach. Hinter der teils sitzenden, teils lagernden Gruppe der Damen blieb er stehen. Er postierte sich neben dem rauhnarbigen Stamm einer riesigen Silberpappel und erfreute sich an der Szenerie friedlicher Anmut. Den Trompeter aber sah er in beträchtlicher Entfernung sich gegenüber. Die Augen des Pastors suchten Amalia Werland. Er fand sie rasch aus der Gruppe heraus.

Der letzte Ton von der «Post im Walde» verschwebte mit klagendem Tremolo. Recoschewitz hatte den Pastor wohl bemerkt. Als schlauer Weltmann bemühte er sich um Unbefangenheit. «So, meine Damen, zum Lohn für ihr famoses Gewehrexerzieren habe ich Ihren Wunsch erfüllt. Nun aber zum Schluß, da machen wir noch einen tüchtigen Parademarsch.»

Irgendwo hinter einer der Bänke waren weiße Stäbe abgestellt. Die Amazonen stürzten sich förmlich darauf. Binnen einer halben Minute standen sie ihrer etwa zwanzig in Reih und Glied und hatten die Stäbe geschultert, als seien es Gewehre. Dem Pastor wurde es bange. Er wollte sich zurückziehen, denn der Augenblick war nahe, wo die Amazonen ihn erblicken würden. Die geschlossene zweireihige Formation der Weiblichkeit marschierte in festem Schritt und wunderbarem Gleichmaß auf Herrn Recoschewitz zu, der laut zählend das Tempo regierte: eins – zwei – eins – zwei. Pastor Holm glaubte sich zu erinnern, daß die Kleiderröcke sonst bis zum Erdboden herabreichten. Nun waren sie entschieden zu hoch aufgeschürzt: weiße Strümpfe und Schuhe mit Kreuzbändern wurden sichtbar. Die Füße warfen sich förmlich unter den Rocksäumen vor. Und welch ein abscheuliches Wogen und Schweifen diese Röcke vollführten. Sie schlugen geradezu Wellen! Er hatte natürlich keine Ahnung davon, daß die Mode Unterröcke mit steifen Roßhaareinlagen vorschrieb, die der Figur von der überschlanken Taille abwärts die sich verbreiternde Linie gab. Wie unbeschreiblich verwegen wirkte dieser Marsch auf dem Pastor. Alle weibliche Anmut war von hinnen geflohen. Nun war diese taktfeste Front fünf Schritte vor dem Exerziermeister angelangt. «Rechts um kehrt», kommandierte Recoschewitz. Und die wogenden Röcke schlugen ganz besonders ausschweifend beim schroffen Front-

Karte von Bergedorf 1593, Original im Staatsarchiv Hamburg

Haus Krützmann an der Ecke Holzhude und Vierlandenstraße

Die Schloßstraße mit der Wache, im Hintergrund
„Stadt Hamburg"

Portici – Einst ein beliebtes Bergedorfer Lokal

Die Linden am heutigen Sachsentor

Ida Krützmann, die „Rose von Bergedorf"

Das Posthaus auf dem Mühlenhof

Der uralte Bahnhof von 1842, davor der Heimatforscher Andreas Spiering

Dunghaufen auf der Bergedorfer Hauptstraße

wechsel. Nun marschierte das Korps geradewegs auf die Silberpappel los, an deren Stamm der schreckensbleiche Pastor stand. Festen Augens starrten die mutigen Mädchen den Seelenhirten an; denn erst jetzt schienen sie in ihrem Eifer den Zuschauer wahrzunehmen. Einige schrien auf. Als Jeanne d'Arcs hatten sie sich gefühlt. Beim Anblick des unverheirateten, jungen Pastors, der für manche Wesen nicht nur der Gemeindehirte, sondern auch eine stille Möglichkeit bedeutete, jagten sie wie wilde Fohlen auseinander. Nur Amalia Werland blieb stehen, ganz still. Langsam sank ihre Hand herab, die den weißen Stab als Gewehrersatz geschultert hatte. Sie sah, daß der Pastor den Hut abnahm und grüßend ging, ohne ein Wort zu sagen.

Aber es kam doch noch so, daß aus dem Flügelmann des Amazonenkorps Amalia Werland Frau Pastor Holm wurde. Am Vorabend der Hochzeit zog das ganze Amazonenkorps geschlossen im Vorgarten des Hauses Werland auf. Herr Recoschewitz vornean blies mit Feuer und Gefühl das Schleswig-Holstein-Lied: Schleswig-Holstein, meerumschlungen, Deutscher Sitte hohe Wacht ...

Ick föör nich mit de Iserbahn

Himmelfahrtstag 1842, 5. Mai. Ein herrlicher, sonniger Frühlingstag. Die Bergedorfer machten ihre traditionelle Landpartie mit Pferd und Wagen hinaus in den Sachsenwald zum Picknick unter grünen Bäumen, wo die Gesellschaft sang und spielte bis zum späten Abend. Wer im Städtchen bleiben mußte, ruderte auf dem Schleusengraben in lustiger Gesellschaft zur Bergedorfer Schleuse. In den Booten schunkelten anmutig die jungen «Mamsells», die selbstgebackenen Kuchen im Korb bei sich trugen für eine vergnügte Kaffeetafel mit anschließendem Tanzvergnügen. Der 5. Mai stand schon ganz unter der Vorfreude auf ein besonders einmaliges Fest. Die Einweihung des neuen Bahnhofs sollte nämlich am 7. Mai groß gefeiert werden. Wie modern fühlten sich die Bergedorfer damals. Sie gehörten zu den ersten, die überhaupt so eine neumodische, schnelle Eisenbahnverbindung bekamen. Die Strecke Hamburg – Bergedorf sollte später bis Berlin weitergeführt werden. Man erwartete Aufblühen und wirtschaftliches Wohlergehen rund um das Sachsentor.

Die Gaststätten «Stadt Hamburg» und «Stadt Lübeck» waren schon lange beliebte Ausflugsziele für

die Hamburger. Nun konnten die Hamburger Kavaliere auch zum Tanz in den neuen, eleganten Etablis-
sements Colosseum, Frascati und Portici anreisen.

Friedrich Stoffert ruderte gerade mit Freunden
auf der Bille beim Hundebaum heimwärts, als ein
Bote am Ufer hastig herbeieilte und rief: «Hamburg
brennt! Die zwei Engländer von Stadtingenieur
Lindley sollen sofort zum Bahnhof kommen. Die Lokomotive wartet schon. Sie sollen nach Hamburg
fahren!» Andere Leute berichteten den Bergedor-
fern, daß der Brand in Hamburg an der Deichstraße
ausgebrochen sei. Der Nikolaikirchturm brenne
schon. Man könne des Feuers nicht Herr werden.

Die Schuljungen wurden sofort durch die Stadt ge-
schickt. Sie mußten überall Bescheid sagen: «In Bar-
dörp is keen Füer, aber die Sprütten süllt na Ham-
borch, to'n helpen.»

Rathmann Schlebusch war bei der ersten Nachricht vom großen Feuer in seinem Einspänner nach
Hamburg gefahren. In größter Hast kehrte er zurück und gab sogleich den Befehl, die Spritzenleute
zusammenzutrommeln, die auch gleich ihre weißen
Kittel anzogen und zum Treffpunkt rannten. Wegen
ihrer Schutzkleidung nannte man sie die «Weißkittel». Die für heutige Begriffe winzigen Löschspritzen
bekamen das Wasser aus Gräben und Flüssen einge-
pumpt. Wenn kein Wasser in der Nähe war, goß man
aus Ledereimern, die jeder im Hause haben mußte,
große Holzbottiche voll und pumpte das Wasser mit
der Hand in die Schläuche. Baumeister Krützmann
stellte sofort die Werkspritze von seinem Holzplatz

zur Verfügung und übernahm das Kommando. Er ließ die Pferde anspannen, seine Holzarbeiter als Feuerwehr antreten und wies seine junge Frau an, für Verpflegung zu sorgen. Dabei guckte er heimlich hinüber zum neuen Spritzenhaus am Pool. Wer wohl zuerst mit den Vorbereitungen fertig wäre? Es war Ehrensache für ihn, als erster abzufahren.

Natürlich drängten sich die Nachbarn um den Abfahrtsplatz an der Holzhude. Schlimme Gerüchte über das furchtbare Wüten des Feuers in Hamburg machten inzwischen die Runde. In diesem Augenblick stürzte die Mutter von Johann Krützmann aus dem Hause in der Hude auf ihren Sohn zu und jammerte: «Willst du denn wirklich fahren, Johann, du brauchst doch nicht! Wenn dir nun die glühenden Balken auf den Kopf fallen, wenn die Mauern zusammenbrechen und dich verschütten, wenn der Funkenregen und der Feuersturm ...» Ihr Sohn sah sie bei aller Eile und Aufregung lustig grinsend an und beruhigte sie mit seinem alten Schnack: «Ja, Mudder, wenn de Wand nich weer, denn seeten wi buten!» Dann wieder sachlich und ernst: «In Hamburg ist große Not, da müssen wir alle helfen.»

Er nahm schnell von seiner jungen Frau Abschied und fuhr noch vor den Weißkittels los durch den Kupferhof, an Bürgermeister Hinsches Haus vorbei, wo der Bürgermeister immer noch die städtischen Spritzen inspizierte. Dann ging es dumpfpolternd über die Holzbrücke vor der Mühle und über Boberg auf das brennende Hamburg zu.

Die junge Frau Krützmann saß die ganze Nacht

über am Bodenfenster ihres Hauses, wo man den feurigen Himmel über Hamburg am besten sehen konnte und betete immer wieder: «Daß er nur heil und gesund wieder zurückkommt; daß er nur heil und gesund wieder zurückkommt . . .»

Unterdessen rollte die Lokomotive auf der noch nicht eröffneten Bahnstrecke unermüdlich aus Hamburg herbei und brachte Flüchtlinge mit gerettetem Hausrat aus der brennenden Stadt. Sie suchten hier Unterkommen bei Verwandten und Bekannten und erzählten von dem Wüten der Flammen, die von einem Fachwerkhaus zum anderen sprangen und durch nichts aufzuhalten waren. Eine Freundin von Ida Kühl berichtete, daß sie mit ihren Eltern zum Jungfernstieg mit einigem geretteten Hausrat vor dem Feuer hergeflohen sei. Da hätte der Sturm gerade einen glühenden Funkenregen auf ihre schöne Mahagonikommode geweht, die sie mühsam auf einer Karre mitgeschleppt hätten. Die Kommode hätte sofort Feuer gefangen. Ihr Vater hätte das Möbel verzweifelt in die Alster gestoßen, damit es nicht noch Betten und Zeugballen entzünden könne. Schwimmend hätte die schöne Kommode weitergebrannt, bis sie endlich im Wasser versunken sei.

Die Hamburger erzählten auch von dem Gesindel, das sich das Unglück zunutze machte; Gefangene sollten entwichen sein, als sie vom Detentionshause in ein neues Gewahrsam überführt wurden. Die Bergedorfer gerieten darüber in Angst und Schrecken. Wenn nun die Diebe und Mörder bis in ihre Stadt kämen! Sofort wurde ein Schutzkommitee gebildet und ein Streifendienst eingerichtet. Stoffert erzählte: «Ich vergesse den Eindruck nicht, als ich in der Stille der Nacht mit anderen jungen Leuten die Stadt durchzog. Es war ein schrecklich erhabenes Schauspiel. Bis zum Zenit war der Himmel feurig erleuchtet. Durch die tagelange Anspannung und Aufregung war unser Nervensystem so erregt, daß wir hinter den dunklen Massen der Holzhude überall versteckte Sträflinge vermuteten.»

Endlich nach drei Tagen, am 8. Mai, war man des Brandes Herr geworden. Die Bergedorfer hatten kräftig dabei geholfen und das Feuer am Neuen Wall erfolgreich bekämpft. Johann Krützmann kam mit der Werkspritze und seinen Leuten schwarz, zerrissen, zerzaust und sehr müde, aber heil und gesund wieder nach Hause. Auch die Weißkittel hatten tüchtig mit gelöscht. Von ihren Kitteln war nichts mehr übrig. Aber auch sie kehrten ohne Verluste heim. Das Hamburger Unglück hatte alle Festfreude an einer Feier zur Einweihung der neuen Eisenbahn in Bergedorf verschüttet. Am 17. Mai wurde sang- und klanglos der Betrieb mit Dampflock und Wagen zwischen Hamburg und Bergedorf aufgenommen.

Johann Krützmann war am Bau des ersten Bahnhofs beteiligt gewesen. Er hatte Eichenbohlen für den Schienenstrang geliefert. Das Ehepaar Krützmann und ihre Töchter fuhren später oft mit der Bahn nach Hamburg. Sie hatten sich überzeugt, daß es kein gefährliches Unternehmen war. Eines Tages fragte Johann Krützmann seine Mutter, ob sie nicht auch einmal mitkommen möchte. Sie hielt nichts von dieser neumodischen Einrichtung und antwortete sehr entschieden und ein für allemal: «Ick föör nich mit de Iserbahn.»

Übrigens verhandelte das Berliner Comitee schon ein Jahr nach der Inbetriebnahme über die Fortführung der Hamburg-Bergedorfer Eisenbahn nach Berlin. Der erste Bahnhof wurde daher nach drei Jahren überflüssig. Der neue, nahe der Kampstraße, wurde schon 1846 erbaut. Am 15. Dezember 1846 wurde der Reiseverkehr nach Berlin aufgenommen. Das «Italienische Viertel» mit den Vergnügungsetablissements Colosseum, Portici und Frascati gerieten in Vergessenheit.

Die Verlängerung der Strecke nach Hannover und Magdeburg war nun das neue Ziel. Die ersten Erfahrungen mit der Einrichtung der schnellen Verkehrswege trugen in erster Linie für die schnelle wirtschaftliche Entwicklung von Bergedorf bei. Das Sachsentor zur Welt war nun weit geöffnet, wenn auch die Einweihungsfeier für die erste Eisenbahnlinie wegen des Hamburger Brandes nicht stattfinden konnte.

Johann Krützmann kam heil und gesund aus Hamburg zurück.

Er konnte sich wieder den großen Aufgaben zuwenden, die sein Beruf ihm stellte. Eines Abends sitzen seine Frau und die Töchter am runden Familientisch und machen Handarbeiten beim Schein einer Talgkerze. Er geht unruhig im Zimmer auf und ab, hin und her. Schließlich fragt seine Frau: «Was hast du denn, warum bist du so unruhig?» Er antwortet etwas bedrückt: «Ich habe einen großen Auftrag nach Amerika, ich soll Holzhäuser nach Übersee liefern!» Da sagt seine Frau: «Denn frei di doch.» Er: «Uns Holzplatz is to lütt!» Sie: Denn maak em doch grötter!» Dieser letzte Anstoß hat dann genügt. Seine Tochter, Frau Kühl, und seine Enkelin, Frau Heyden erzählen beide, daß sie zugesehen hätten, wie die Häuser auf dem Holzplatz aufgeschlagen wurden, dann in die Teile zerlegt, auf Schuten verladen und auf dem Schleusengraben nach Hamburg gefahren wurden. Von dort schiffte man sie nach Amerika. So reisten sie jahrelang – zwar nicht durchs Sachsentor – aber von Bergedorf in die Welt.

Die weltberühmten «Beiderstädtischen»

Im gründungsfreudigen Jahr 1847 kam es auch zur Eröffnung eines eigenen Postamtes in Bergedorf, eines «Beiderstädtischen».

Vorher waren die Postverhältnisse grenzenlos zersplittert gewesen. Zwischen den vier verschiedenen Posteinrichtungen der benachbarten Länder sowie von Hamburg und Lübeck kam es dauernd zu Streitigkeiten. Daraufhin machte der preußische Postmeister Paalzow eine Eingabe an die Hansestädte und regte an, den Postbetrieb zu vereinheitlichen. Paalzow war ein tüchtiger Postmann und einer der angesehendsten Bürger Bergedorfs. Zunächst ordnete er die Postverhältnisse im Städtchen. 1853 wurde nach Wegfall der Privatpost dem Bergedorfer Postamt auch die Postbeförderung nach Vierlanden übertragen. Bis dahin wurden die Briefe noch überwiegend von den Brotträgerinnen mitgenommen, die bei schlechtem Wetter ihre Langschäftigen anziehen mußten, um über aufgeweichte Wege und überschwemmte Straßen Brot und Briefe zugleich an die Adressaten zu bringen.

In Geesthacht, das auch zum Beiderstädtischen Besitz gehörte, wurde 1853 eine Poststation eröffnet, die mit Boten und Wagen an Bergedorf angeschlossen war. Nun lagen aber an der Bergedorf-Geesthachter-Chaussee die dänischen Dörfer Börnsen und Escheburg. Das Bergedorfer Postamt hatte sich verpflichtet, auch diese postalisch zu versorgen. Stadt und Amt Bergedorf waren damals fast rundum von den Herzogtümern Lauenburg und Holstein umgeben, die noch zu Dänemark gehörten. Daher standen seit dem 1. Oktober 1857 bei den Bergedorfer Postanstalten auch dänische Postwertzeichen zum Verkauf.

Diese merkwürdigen Verhältnisse veranlaßten den Postmeister Paalzow 1859 erneut zu einer Eingabe. Er beantragte, Beiderstädtische Briefmarken einzuführen. Am 17. Oktober 1861 wurde dann der Beschluß der Senate von Hamburg und Lübeck veröffentlicht. Durch diese Briefmarken mit dem Lübeck-Hamburger Postwappen ist Bergedorf weit in der Welt bekannt geworden, weil sie Seltenheitswert haben. Die Marken waren nämlich nur bis zum 1. Januar 1868 gültig. In diesem Jahr trat Hamburg dem Norddeutschen Bund bei und fand Lübeck mit 200 000 Talern ab. Damit übernahm die Hansestadt an der Elbe die alleinige Regierungsgewalt in Bergedorf. Das Beiderstädtische Postamt Bergedorf wurde aufgehoben und mit dem größten Teil des Personals von der Postverwaltung des Norddeutschen Bundes übernommen. Damit war das Sachsentor zur Welt wieder um einige Grade enger geworden – die Beiderstädtischen Briefmarken jedoch zum Leckerbissen für Philatelisten in der ganzen Welt.

Häusliches Leben

Der deutsch-dänische Krieg hatte Bergedorf in den Jahren um 1865 kaum berührt. Man konnte deshalb das Häusliche und Gesellschaftliche pflegen. Die hübschen Krützmann-Töchter kamen durch Verlobungen schnell unter die Haube. Schließlich bekam jede der Heiratskandidatinnen achttausend Thaler mit. Ein Thaler hatte den Wert von drei Mark. Das war also bei vier Töchtern insgesamt eine Mitgiftsumme von fast hunderttausend Mark. Auch schon vor hundert Jahren war das sehr viel Geld und zeigte, daß die dreitausend Bergedorfer Bürger ganz und gar nicht in bescheidenen oder gar beschränkten Verhältnissen lebten und über ihren Kirchturm nicht hinausblickten, wie man allgemein meinte.

Die Aussteuern der Krützmann-Schwestern wurden noch mit der Hand genäht und mit handgeklöppelten oder gehäkelten Spitzen verziert. Erst für Ida-Karoline, die jüngste, wurde eine Singer-Nähmaschine angeschafft. Das junge Mädchen hatte die moderne Technik bald heraus und surrte die langen Säume der Laken, Bettbezüge und Kopfkissen elegant herunter, bis der Ballen Leinen, den man bei Harms gekauft hatte, aufgebraucht war.

Ein großes Ereignis im Laufe des Jahres war die Hausschlachtung. Die Bergedorfer Familien hatten ein bis zwei Schweine und eine Kuh im Stall. Wurst und Schinken hingen im Rauch. Eier gab es so viele, daß die Krützmanns nur das Gelbe aßen. Butter wurde in Fässern gekauft. Man grub das Butterfaß an einem kühlen Platz in der Küche ein. Der Fußboden bestand aus gestampftem Lehm. Vom Krämer holte man sich höchstens etwas Käse. Im Krämerladen merkte man allerdings an der Sprache zuerst, daß eine neue Zeit heraufkam. 1775 hatte der spätere Bürgermeister Soltau am Hohen Stege, also nahe der Brookwetter, eine Amidam-Fabrik erbaut. Wenn eine Bergedorfer Hausfrau um 1870 zum Krämer ging und sagte: «Ich möchte ein Pfund Amidam haben», da bemerkte der Krämer: «Es heißt nicht mehr Amidam, man sagt jetzt Stärke.» Er nannte zum Beispiel die Krützmann-Töchter eines Tages auch nicht mehr «Mamsell», sondern «Freilein», weil das Französische und Plattdeutsche in den Bürgerhäusern allgemein durch Hochdeutsch verdrängt wurde.

Die Krützmannschen Töchter heirateten alle vier nach Hamburg und da war es schon nicht mehr «fein», wenn man plattdeutsch sprach. Als Johann Krützmann 1883 in Bergedorf starb, waren seine Töchter längst Damen der Hamburger Gesellschaft geworden und dachten nicht einmal mehr plattdeutsch. Als nur die Enkelin unbeobachtet hinter dem Sarg ihres geliebten Großvaters stand, soll die Tochter Auguste aus Hamburg ins Zimmer gekommen sein und ganz unfein mit dem Ausruf: «Oh, Vadder!» ihren Schmerz ausgedrückt haben. Aus der Hamburger Dame war einfach in diesem Augenblick wieder das Bergedorfer Kind geworden.

Die Bürgermeisterbirne

Die Lamprechtstraße in Bergedorf ist nach Bürgermeister Diederich Philipp August Lamprecht genannt, der von 1848 bis 1874 die Geschicke der Stadt gelenkt hat. Er trug auch den Namen «Piet» und soll von «stattlicher Figur in prachtvoller Haltung mit schönem, freiem Gang gewesen sein».

Diederich Philipp August Lamprecht war 1796 in Hamburg als Sohn des letzten Domherrn geboren. Er wuchs auf dem Gut Niendorf im Lauenburgischen auf, mit dem sein Vater im Jahre 1800 vom König von Hannover und England belehnt worden war. Seine Eltern verbrachten zwar den Winter regelmäßig in ihrem schönen Patrizierhaus in Hamburg, aber Piet konnte sich nie richtig an das Stadtleben gewöhnen. Er studierte in Göttingen, Jena und Kiel.

Nach Schluß seines Studiums und Erlangung des Doktor jur. trieb es ihn in die Ferne. Er machte sich zu Fuß auf und wanderte durch Deutschland, die Schweiz, Tirol, Österreich, die Lombardei nach Rom und Neapel.

Als er heimkehrte, erwartete ihn der größte Schmerz seines Lebens, den er niemals überwunden hat: sein Vater hatte während seiner Abwesenheit das Gut Niendorf verkauft, ohne seinem einzigen Sohn und Erben ein Wort darüber zu sagen. Piet Lamprecht hat auch nie gewagt, seinen Vater nach dem Grund zu fragen. Er war sehr streng erzogen worden.

Piet verlobte sich mit einer mittellosen und unbekannten Rektorstochter aus Stade, heiratete sie und ließ sich 1830 als Rechtsanwalt in Bergedorf nieder. Die Hebamme mußte fast jedes Jahr bei den Lamprechts Station machen. Es war bei den jungen Lamprechts bald ein Nest voller Kinderchen.

Doktor Lamprecht zog 1840 mit seiner Familie in ein eigenes Haus in der Wentorfer Straße. Den Garten hatte er eigenhändig angelegt und bepflanzt; schließlich war er auf dem Lande aufgewachsen. Kurz vor dem Einzug war die Tochter Lilly geboren. Das Kind soll so häßlich auf die Welt gekommen sein, daß eine Freundin, die Frau Lamprecht im Wochenbett besuchte, gesagt hat: «De lütt Katt smiet man in't Water!»

Die Kinder wurden im Bürgermeisterhaus streng erzogen, wie der Vater es aus der eigenen Kindheit kannte. Sie lernten sogar tüchtig zu turnen. Trotz seiner Strenge den eigenen Kindern gegenüber und der Härte gegen sich selbst war er gutherzig und tierlieb. Leiden und Unrecht konnte er nicht ertragen. Die Bergedorfer sollen anerkennend über ihren Bürgermeister damals gesagt haben: «He süht allens!»

Im Amt des Bürgermeisters hatte Lamprecht auch als Richter zu fungieren. Als er einen Mann wegen eines geringen Diebstahls nach dem Gesetz mit Gefängnis bestrafen mußte, hatte er bemerkt, daß der arme Dieb in der Not zu fremdem Eigentum gegriffen hatte. Heimlich gab er seiner Tochter Ada Geld mit dem Auftrag, auch sonst noch einiges zusammenzupacken und das zu einer Frau zu bringen. Es war die Frau des Diebes, die Ada in einer Dachkammer fand, wo Schnee und Wind durchs Dach hereinfegten. Sie saß dort mit drei kleinen Kindern ohne das Notwendigste. Ada Lamprecht hat die Leute auch später noch oft mit Geschenken besucht. Überhaupt unterstützten die Lamprechts viele arme und alte Leute, vor allem wenn sie einmal im Bürgermeisterhause gearbeitet hatten.

Vom Obstreichtum des Lamprechtschen Gartens gelangten im Sommer und Herbst fast jeden Tag Körbe voll an die Bahn zum Versand an Verwandte und Freunde. Vor allem viele Arme konnten sich abends aus hergerichteten Körben Obst abholen.

Neben den verantwortungsvollen Amtsgeschäften legte Piet Lamprecht große Sorgfalt in die Pflege seines Gartens an der Wentorfer Straße. Diese Anlage blieb die große Liebhaberei des Bürgermeisters. Er ließ sich wie viele Bergedorfer Gartenbesitzer Samen, Pflanzen und Bäume aus den Vierlanden oder den Hamburger Gärtnereien kommen. Man wetteiferte miteinander um die besten Ergebnisse an Pflanzen, Bäumen und Sträuchern.

Übrigens ist der ehemalige Lamprechtsche Garten der heutige Rathauspark mit vielen seltenen Bäumen, die Piet noch angepflanzt hat.

Unter den Bäumen, die Bürgermeister Lamprecht aus einer Hamburger Baumschule bezogen hatte, befand sich auch eine Birne mit dem etwas fremdklingenden Namen «Köstliche von Charneau». Da der Name verlorengegangen, die Früchte des Baumes aber als vortreffliche, reichtragende Tafelbirne erwiesen, verbreitete sie Gärtner Beeck – ein Nachbar von Lamprecht – unter dem Namen «Bürgermeisterbirne», der sich bis heute erhalten hat.

«Der Alte aus dem Sachsenwald»

1890 nahm Fürst Bismarck seinen dauernden Wohnsitz in Friedrichsruh. Seine große Persönlichkeit strahlte über die ganze Nachbarschaft aus. Man wollte dem «Alten Recken» auch sichtbar seine Verehrung kundtun. Zu den ersten Lehrern, die mit ihren Schülern vom Brink zum Huldigungsmarsch im Schloß Friedrichsruh vorbeizogen, gehörte Rektor Heyden. Er erzählte oft voller Stolz von seiner persönlichen Begegnung mit dem Fürsten. Nach dem Fackelzug kam Bismarck nämlich zur Begeisterung der Lehrer und Schüler selbst aus dem Schloß heraus und begrüßte jeden Lehrer mit Handschlag. Rektor Heyden war tief beeindruckt. Er erinnerte sich gern: «Der Fürst hatte ein Auge – das werde ich in meinem Leben nicht vergessen!»

Friedrichsruh war bald allgemein zum Wallfahrtsort der Deutschen geworden. Jeden Tag standen Männer und Frauen auf dem Hügel gegenüber vom Schloß bei der Hirschgruppe dichtgedrängt und warteten, daß der Fürst das Schloß zu seiner täglichen Spazierfahrt verlassen würde.

Das Winken und Herumgeistern um den Park wurde Bismarck schließlich lästig, so daß er gegen den Andrang der Neugierigen eine Mauer um den Park ziehen ließ. Er schreibt am 23. Oktober 1878 aus Friedrichsruh: «... erster Gesamteindruck befriedigend, und besonders der beruhigende Blick auf die um uns gebaute Mauer».

Als er am 20. März 1890 ganz nach Friedrichsruh übergesiedelt war, machte er jeden Tag einen Spaziergang durch den geliebten Sachsenwald. Er kannte jeden Baum, aber auch jeden Waldarbeiter und dessen Kinder, sogar die Spargelbeete in ihrem Garten. Man wußte bald, wann er gewöhnlich, von seiner großen Dogge begleitet und den schwarzen Schlapphut auf dem Kopf, aus dem Tor des Schloßparks trat. Es hatte sich auch herumgesprochen, daß er die jungen Mädchen bevorzugt begrüßte. Sie hatten bald die Wege ausspioniert, die er am liebsten ging. Die bescheidenen jungen Damen stellten sich meist mit ihrer Familie am Anfang des Parks auf und huldigten dem Gründer des Deutschen Reiches. Die Gewitzteren gingen zu Zweien oder Dreien etwas weiter in den Wald hinein und erwarteten den Fürsten dort. Es war nämlich bekannt geworden, daß er bei guter Laune die jungen Mädchen auf die Stirn küßte, so daß sie sich für ihr Leben geweiht fühlten.

Amtsschreiber Lamprecht traf bei einem Spaziergang mit seiner Braut den Fürsten im Walde und redete ihn an, weil er wußte, daß er in dem «Alten» damit eine Jugenderinnerung wachrufen würde: «Durchlaucht, darf ich Ihnen meine Braut, Fräulein Dahlmann, vorstellen?» Bismarck reagierte sofort: «Bei Professor Dahlmann habe ich Geschichte gehört», womit die persönliche Beziehung des berühmten Nachbarn aus Friedrichsruh zu Bergedorf zutage trat.

Fürst Bismarck hatte von Kaiser Wilhelm I. am 24. Juni 1871 den Sachsenwald in Anerkennung seiner Verdienste geschenkt bekommen. Nun brauchte er ein großes Haus in Friedrichsruh, dem Mittelpunkt des Waldes, um darin wohnen zu können. Die Geschichte dieses Hauses, des späteren Schlosses Friedrichsruh, führt nach Bergedorf.

Heinrich August Specht hatte 1845 das elegante Bahnhofsetablissement «Frascati», einen Holzbau, aufgekauft. Der alte Bergedorfer Bahnhof, einer der allerersten in Deutschland, der heute noch am Neuen Weg steht, war nämlich schon nach drei Jahren überflüssig geworden, weil die Strecke nicht dem ursprünglichen Plan entsprechend über die Marsch, sondern über Reinbek und Friedrichsruh nach Berlin gehen sollte. Die Gegend um den unbenutzten Bahnhof nannte man damals das «Italienische Viertel» mit Vergnügungsetablissements. Außer «Frascati» gab es dort noch das «Colosseum» und «Portici». Der Konkurrenz dieser beiden Gaststätten war das «Frascati» – im Volksmund «Freßkate» ausgesprochen – nicht gewachsen. Der erste Pächter trat schon nach zwei Jahren von seinem Zehnjahresvertrag zurück. Nach einem weiteren Jahr wurde das «Etablissement» abgebrochen und in Friedrichsruh wieder aufgebaut. Der neue Wirt und zugleich Restaurateur war Heinrich August Specht. Unter ihm erlebte «Frascati» seine Glanzzeit als Treffpunkt fröhlicher

78

Menschen. 1861 brannte der Holzbau ab und wurde als steinernes Haus wieder aufgebaut. 1873 verkaufte Specht das Haus an den Fürsten von Bismarck, der es umbauen ließ zu seinem Schloß Friedrichsruh. Als Bismarck starb, standen immer noch die Zimmernummern des Hotels an den Türen.

Die Verlobte des späteren Rektors Heyden ging eines Tages mit ihrer Freundin Else Specht durch die Knickanlagen beim Bergedorfer Schloß spazieren. Das waren damals noch sumpfige, morastige Wiesen. Zwischen den Grasbulten blinkerte das Wasser. Nur in der Mitte gab es einen festen Weg, der mit Fliesen belegt war. Da kam ihnen vom Kaiser-Wilhelm-Platz her auf dem schmalen Weg Fürst Bismarck entgegen. Die jungen Mädchen verneigten sich ehrerbietig. Der Fürst blieb stehen. Heiter und nicht im geringsten feierlich, wie ihn seine Zeitgenossen schildern, begrüßte er seine Nachbarin Else Specht, die er gut kannte. Er wollte wohl einige höfliche Worte sagen, denn er wußte genau, welches Erlebnis es für die Damen sein würde, wenn er sie anredete. «Die Damen sind aber leicht gekleidet», sagte er und ging dann weiter zum Reinbeker Weg hinauf.

Lehrer Heyden hatte mit seiner zukünftigen Schwiegermutter aus einiger Entfernung zufällig die Szene zwischen dem Fürsten, seiner Verlobten und deren Freundin beobachtet. Später soll er schmunzelnd seiner Frau gegenüber geäußert haben, daß die ehrfurchtsvolle, tiefe Verbeugung, mit der sie sich vor dem Fürsten verneigt habe, ausgesehen hätte, als ob sie ein Rad schlagen wollte. Man trug nämlich da-

mals Mäntel mit großen Kragen, die wie ein Um-
hang bis zum Ellbogen reichten. Fräulein Kühl hatte
so einen hellbraunen, mit rosa Seide gefütterten Man-
telkragen. Er muß ihr wohl gefährlich über den Hals
gerutscht sein und sich bei der tiefen Ehrenbezeu-
gung sportlich gebläht haben.

Zwei Vereine und der berühmte Bergedorfer

Als Andreas Spiering unter den Schätzen des Bürgervereins einige Noten-Manuskripte fand, stellte sich heraus, daß es sich um klare und wie gestochen gesetzte Schriften eines Kopisten am Hofe August des Starken in Dresden handelte, wo Johann Adolf Hasse Hofkapellmeister war und europäischen Ruhm genoß. Dieser Hofkapellmeister und Komponist war 1699 in Bergedorf geboren. Sein Vater, Peter Hasse, war Organist an der Bergedorfer Kirche. Seine Mutter war die Bürgermeistertochter Abel Christine Klessing. Der Vater, der aus einer berühmten Musikerfamilie stammte mit Vertretern bis Lübeck, Rostock und Helsingör, erkannte bald die große musikalische Begabung des Sohnes und gab ihm den ersten Unterricht. Weil Johann Adolph eine schöne, helle Stimme hatte, durfte er mit 10 Jahren schon im Kirchenchor singen zur Freude aller Bergedorfer. Dafür erhielt er im Jahre 1709 zwei Mark 10 Schilling 8 Pfennige.

1704 schickte ihn der Vater nach Hamburg, das damals eine vielbeachtete Stadt der Musik war. Johann Adolph sollte die allerbeste Ausbildung bei den besten Musikern erhalten. Schon 1714 bis 1717 hat er dort «einen Operisten agiert» und wurde 1718 von seinem Beschützer, dem Textdichter Ulrich König, als «Tenorist» an die neue Oper am Gänsemarkt empfohlen. 1721 kam er durch dessen Fürsprache als Hof- und Theatersänger an den musikliebenden Braunschweiger Hof, schrieb dort seine erste Oper «Antioco», die eine erfolgreiche Uraufführung wurde. Der Herzog schickte ihn 1722 nach Neapel. Er sollte den letzten Schliff in seiner Kunst in Italien erhalten, wie es damals üblich war.

Sein erster Lehrer war Porpora. Ein Vierteljahr später ging Hasse schon zu Scarlatti, dem großen Meister der Neapolitaner Oper, der ihn bald «wie ein zärtlicher Vater» behandelte. Hasse schrieb in Neapel mehrere Opern und führte sie mit großen Erfolgen auf. Er entzückte seine Hörer auch durch Gesang und Klavierspiel und erwarb sich den Namen «Il caro Sassone», der entzückende Deutsche. Auf seinen Noten stand später oft nur: «Vom Sassone», vom Deutschen.

Nach dem Tod von Scarlatti erhielt er einen sehr ehrenvollen Ruf nach Venedig, das damals als Musikstadt der Treffpunkt der eleganten Welt Europas war. Bald überstrahlten Ruhm und Beliebtheit «des Deutschen» alle italienischen Musiker der Lagunenstadt, darunter Vivaldi und Lotti.

Als er die berühmteste Sängerin ihrer Zeit, die Venezianerin Faustina Bordoni geheiratet hatte, bekam er einen Ruf nach Dresden an den Hof Augusts des Starken. Man empfing ihn und seine Frau 1731 mit hohen Ehren «als ein Musiker-Ehepaar, so es in 100 Jahren nur einmal gibt. Hasse bestimmte als Oberhofkapellmeister 30 Jahre lang das Musikleben von Dresden. Er mußte jedes Jahr eine Oper schreiben. Im ganzen sind es über 100 Werke geworden, die seine Ideen und seine Musik trugen.

Der König von Sachsen war auch König von Polen. Deshalb reiste August der Starke jedes Jahr für einige Zeit nach Warschau. In dieser Zeit konnte Hasse seine Musikfahrten durch ganz Europa antreten: Friedrich der Große berief ihn nach Berlin. Nach London lud man ihn als Rivalen Händels ein. Hasse fuhr aber bald wieder ab, weil er wohl fühlte, daß Händel ihm überlegen war. Er soll auf seiner Reise nach England auch einen Besuch in Bergedorf gemacht haben weil seine Route über Hamburg führte.

In Paris durfte er sogar im Königsschloß wohnen. Die Königin Marie Antionette war eine Tochter der österreichischen Kaiserin Maria Theresia. Sie kannte Hasse von Jugend auf. In Bayreuth führte er bei der Schwester Friedrichs des Großen, der Markgräfin Wilhelmine, seine Opern im neuen Opernhaus auf. Hasse wurde auch oft nach München eingeladen und immer wieder zur Kaiserin Maria Theresia nach Wien. Sie war eine Braunschweiger Prinzessin. Hasse hatte sie schon als Fünfjährige unterrichtet. In Italien wurde er umjubelt und gefeiert von Mailand über Rom und Neapel bis nach Palermo, wo auch eine Tochter der Kaiserin Maria Theresia auf dem Throne saß. Hasse brachte ihr mit seiner Musik die Grüße aus der Heimat.

Im Siebenjährigen Krieg brach großes Unglück über Hasse herein. Als die Preußen Dresden erstürmten, wurde sein Haus in Brand geschossen. Seine sämtlichen Noten, die er für den Stich bei Breitkopf und Härtel vorbereitet hatte, wurden vernichtet. 1763 starb sein Fürst August der Starke. Der Nachfolger entließ Hasse aus Sparsamkeitsgründen. Da berief ihn die Kaiserin nach Wien. In Hasses Wiener Haus musizierte der 13jährige Mozart vor einer erlesenen Zuhörerschaft. Hasse sagte über Mozart: «Dieser junge Künstler wird uns alle vergessen machen.» Das mußte Hasse am Ende seines Lebens selbst erfahren. Nach dem Tode seiner Frau war er wieder nach Venedig gezogen wo seine Frau herstammte. Haydn, Mozart und Beethoven hatten ihn überflügelt. Seinen Namen nannte man nicht mehr.

Spiering war der Meinung, daß noch mehr Noten von Hasse vorhanden sein mußten. Deshalb schrieb er überall hin, wo Johann Adolf Hasse komponiert und musiziert hatte: nach Dresden, Venedig, München und Berlin. Es kam eine ansehnliche Zahl von Hasses Werken zusammen, die Kapellmeister Karl Grau für eine zeitgemäße Aufführung in Erinnerung an den vergessenen Sohn Bergedorfs bearbeitete.

Amtsgerichtsdirektor Doktor Oskar Seebohm und ein Kreis von Musikfreunden aus dem Bürgerverein gründeten einen Chor, der unter der Leitung von Karl Grau am 23. März 1909 das erste Konzert mit Werken von Johann Adolf Hasse in der neuen Aula in der Hassestraße zum 210. Geburtstag des Komponisten aufführte. Im Programm standen das Requiem in C-dur, Scene und Arie aus dem Oratorium «Die Bekehrung des Heiligen Augustinus» und der 113.

Psalm. Die Zuhörer waren begeistert von der wohl-
klingenden Barockmusik ihres Bergedorfer Sohnes.
Alle Mitwirkenden wünschten mehr aus Hasses Werken aufzuführen. Auch viele Zuhörer äußerten den
Wunsch, daß man doch Konzerte dieser Art möglichst jedes Jahr in Bergedorf veranstalten sollte.

Aber nur wenige machten sich über die Schwierig-
keiten derartiger Unternehmen Gedanken. Hamburg
war leicht zu erreichen und bot ausgezeichnete Aufführungen wie auch preiswerte Volkskonzerte. Man
plante daher in Bergedorf künstlerisch besonders an-
spruchsvolle musikalische Darbietungen, die viele
Bürger anlocken und zur Hauptsache von Bergedorfer Musikfreunden aufgeführt werden sollten.

Aus diesem Grunde rief Doktor Seebohm am 13.
Januar 1910 die Hasse-Gesellschaft ins Leben. Um
Risiken von vornherein abzufangen, mußten sich die
ersten Mitglieder sogar verpflichten, für einen etwai-
gen Fehlbetrag bei Veranstaltungen zu haften.

Die Gründung der Hasse-Gesellschaft spaltete die
Musikfreunde der Stadt in zwei Lager. Bis jetzt hatte
der Gesangverein die Musikpflege in Bergedorf ver-
treten. Nun erwuchs ihm in der Hasse-Gesellschaft
mit ihren höheren musikalischen Ansprüchen ein
ernstzunehmender Konkurrent. Man stand sich in
zwei feindlichen Parteien gegenüber.

Dieser Zustand wirkte sich sogar auf private Verhältnisse und persönliche Verbindungen aus. Zur Zeit
des Streites unter den beiden Musikvereinen war gerade die neue Birkenhainschule im Bau. Rektor Heyden war bestellt worden. Es war geplant, ein Haus

auf dem Gojenberg neben der Schule als Amtswohnung für ihn zu bauen. Als aber bekannt wurde, daß er sich als guter Freund von Doktor Seebohm der Hasse-Gesellschaft angeschlossen hatte und daß er nicht mehr im Gesangverein singen wollte, wo er sogar seine Frau kennengelernt hatte, ließ man den Plan für eine Amtswohnung fallen. Leider war der zuständige Ratmann treues Mitglied im Gesangverein. Johann Adolf Hasse geriet jedoch deshalb nicht erneut in Vergessenheit.

Die von Hasse komponierten Werke klingen auch heute noch natürlich, heiter und seelenvoll wie vor 250 Jahren von den Neapolitanern gerühmt. Die Bergedorfer konnten sich von dem Urteil überzeugen, als das Hansaschul-Orchester unter Leitung von Dr. Harro Schmidt zum 275. Geburtstag von Hasse seine Sinfonie in G-dur neben der Musik von Händel spielte.

Barockmusik und Blumenzucht

Die sangesfreudige und tanzlustige Jugend Bergedorfs traf sich in den neunziger Jahren des vorigen
Jahrhunderts im Gesangverein, dem auch Friedrich
Chrysander angehörte. Er muß zu der Zeit schon ein
würdiger, alter Herr gewesen sein, denn man konnte
von ihm aufregende Geschichten aus England hören,
wo er sich oft als Händelforscher längere Zeit aufgehalten hatte.

Chrysander hatte zunächst Tag für Tag acht,
manchmal sogar zwölf Stunden lang im Britischen
Museum in London Händelnoten abgeschrieben, die
dort aufbewahrt wurden. Georg-Friedrich Händel
hatte als junger Musiker nach seiner Hamburger Zeit
am Hofe von Hannover gewirkt. Als sein Kurfürst
Georg als König Georg I. nach England ging, war er
ihm nach London gefolgt und hatte dort großen
Ruhm errungen.

Friedrich Chrysander kopierte nun unermüdlich
das Werk seines Vorbildes. Als ihm Zeit und Geld
knapp wurden und seine Aufgabe das gesteckte Ziel
nicht zu erreichen schien, stellte er seine Füße beim
Notenabschreiben in eine Schüssel mit kaltem Wasser, damit er sich 16 Stunden frisch für die Arbeit

halten konnte. Auch das reichte noch nicht. Also band er sich ein nasses Tuch um die Stirn, um noch länger frisch zu bleiben und schrieb täglich 18 Stunden ab. Zufällig sah er dann auf einer Auktion in der Umgebung Londons einen großen Stapel Notenpapier, der als Makulatur versteigert werden sollte. Bei genauerem Betrachten entdeckte er, daß er ungefähr 50 Bände Händelscher Partiturhandschriften vor sich hatte, die er für nur 12 Schillinge ersteigerte. Er bot seinen wertvollen Fund sofort dem Britischen Museum an für denselben Kaufpreis, den er bezahlt hatte. Soviel Idealismus eines Forschers war den Engländern noch nicht vorgekommen.

Sie versuchten, ihm förmlich einige zigtausend Pfund aufzudrängen. Aber Chrysander nahm nicht an; er wollte kein Geschäft mit geistigen Gütern machen. Als man ihm jedoch vorschlug, die Werke mit nach Bergedorf zu nehmen und sie dort in aller Ruhe zu bearbeiten, griff er zu. Er reiste zurück und begann sofort in seinem Haus in der Brauerstraße, der heutigen Chrysanderstraße, mit seinem Lebenswerk. Seine Familie unterstützte ihn dabei.

Friedrich Chrysander war durch die Aufführung des «Samson» 1850 in Schwerin zur Erforschung und Bearbeitung von Händels Musik angeregt worden. Die Wiedergabe war zwar nur unvollkommen, aber die Händelsche Musik begeisterte ihn so sehr, daß er später seinem Sohn erzählte: «Ich bin der Sache nachgegangen und habe mit Erstaunen gesehen, was für ein Mann das war, der diese Musik geschrieben hatte».

Mit zäher Beharrlichkeit und unter ziemlich einfachen Bedingungen begann er nun mit der möglichst unverfälschten Herausgabe von Händels Werk. Sein Sohn, Rudolf Chrysander, hat noch in den zwanziger Jahren das Druckereihaus und die altmodische Handpresse gezeigt, mit der die Noten so billig wie möglich, aber in vorzüglicher Ausführung gedruckt worden waren. In der Werkstatt befanden sich damals noch 17 000 Bleiplatten, die ein Notenstecher und ein Drucker bearbeitet hatten. Einhundert Partituren sind davon im Handbetrieb mit der Gutenberg-Presse gedruckt worden. Die tadellose Ausstattung sollte des Inhalts würdig sein. Mutter und Schwester mußten die Blätter mit Nähgarn heften, damit später keine Rostflecke das saubere Bild stören sollten. Außer dem Wohnhaus mit der Bibliothek und dem Haus für die Druckerei gab es in dem sehr großen Garten noch die weithin berühmten Gewächshäuser. Friedrich Chrysander konnte seinen Lebensunterhalt nicht allein durch seine Arbeit als Redakteur der Allgemeinen Musikalischen Zeitung verdienen. Deshalb betrieb er einen Gartenbaubetrieb.

In England hatte er gründlich die englischen Treibhauskulturen studiert, nachdem er einmal mitten im Winter in London Weintrauben gesehen hatte. Nun baute er am «Hundebaum», wie die Chrysanderstraße in der Gegend allgemein genannt wurde, in seinem großen Garten Gewächshäuser; beschaffte sich die Heizungen aus England und zog Pfirsiche, Weintrauben und Rosen, die im Winter blühten und reiften. Seine Treibhäuser waren die ersten dieser Art auf dem Festland. Er erhielt bald sogar telegrafische Bestellungen aus Berlin und Wien. Fürst Bismarck gehörte zu seinen Stammkunden. Sohn Rudolf war Arzt und Sekretär bei den Bismarcks geworden. Er war dort bis zum Tode des Fürsten geblieben.

Mit den Ernten seiner Treibhäuser erwarb Friedrich Chrysander das Geld für seine Arbeit an Händels Werken. Als Gärtner war er deshalb in Bergedorf bald bekannter als durch seine Forschung und die Herausgabe von Händels Musik. Damals standen allerdings auch Richard Wagners neue Fragen und Probleme für Musiker und Musikverständige im Vordergrund. Aber Chrysander gab nicht auf und blieb bei Händel.

Als die Hasse-Gesellschaft nach 1918 mit großer Begeisterung hervorragende Aufführungen von Händels Oratorien in der Hasse-Aula aufführte, erhob sich regelmäßig in der ersten Reihe die lange, schmale Gestalt des hochbetagten Doktor Rudolf Chrysander und hielt nach dem Ende des Konzertes immer wieder dieselbe rührende Ansprache: «Im Namen meines Papa danke ich der Hasse-Gesellschaft für die wunderschöne Wiedergabe von Händels Musik. Mein Papa sagte mir noch drei Tage vor seinem Tode: Die deutschen Chorvereine sind arm, gib ihnen die Noten so billig, daß in jeder Stadt, wo ein Gesangverein ist, Händel aufgeführt werden kann.»

Friedrich Chrysander hatte neben der großen wissenschaftlichen Gesamtausgabe des Händel-Werkes die Oratorien für den praktischen Gebrauch der Chorvereine herausgegeben. Diese Arbeit hat sein Sohn Rudolf bis zu seinem Tode in selbstloser Hingabe fortgesetzt.

Das Haus Chrysander in Bergedorf bewahrte in unaufdringlicher Weise einen fast höfischen, sehr weltoffenen Stil. Durch die Allee dunkler, riesiger Lebensbäume wurde man feierlich auf das kleine Wohnhaus an ihrem Ende hingeleitet. Manchmal schallten dem Besucher schon berauschende Töne Händelscher Arien aus dem großen Gewächshaus hinter dem Wohnhaus entgegen. Viele Künstler gingen hier ein und aus. Rudolf Chrysander sang ihnen oft markante Stellen aus den Arien selbst vor. Sein Vater hatte ihn auf deren richtige Wiedergabe ganz besonders hingewiesen.

Auch schauspielerische Anweisungen gab er den Künstlern nach der Vorschrift seines Vaters. «Auf der Bühne und im Vortrag machen die Helden es meistens falsch, wenn es ans Sterben geht», lehrte er. Dann zeigte er selbst, wie man mit Anstand und Würde sein Leben auszuhauchen habe – und keiner der Zuschauer kam dabei auf die Idee, etwa zu lächeln.

Auch seine eigene Totenfeier wahrte den großen Stil mit vielen hohen Kerzen um den Sarg, der im eigenen Hause aufgebahrt war. Nach dem Abschied erhielt jeder der zahlreichen Gäste ein Geschenk aus dem Fundus Händelscher Kunst im Hause Chrysander.

Ikarus von Bergedorf

Schon 1901 versuchte der spätere Rektor Heyden von der Birkenhainschule mit selbstgebastelten Flügeln in den Himmel hineinzufliegen. Und das kam so:

Im Sommer machte der junge Lehrer Heyden gern weite Spaziergänge in die Umgegend. Mit Vorliebe studierte er den Vogelflug und überlegte dabei, wie er seine Beobachtungen bei seinen späteren Versuchen verwerten könnte. Er verheimlichte seine Absichten durchaus nicht und zitierte oft aus Goethes Faust den Vers:

> *Oh, daß kein Flügel mich vom Boden hebt,*
> *Ihr nach und immer nachzustreben!*
> *Ich säh' im ewgen Abendstrahl*
> *Die stille Welt zu meinen Füßen.*
> *Entzündet alle Höh'n, beruhigt jedes Tal,*
> *Den Silberbach in gold'ne Ströme fließen . . .*

Dann seufzte er dem schönen Traum nach:

> *Ach, zu des Geistes Flügeln wird so leicht*
> *Kein körperlicher Flügel sich gesellen!*

Von den 1896 gelungenen Versuchen der Brüder Wright mit 15 Meter weiten Segelflügen durch die Luft hatte er gelesen. Aber erst ein Preisausschreiben in einer Zeitschrift gab seinen eigenen Überlegungen und Berechnungen den letzten Anstoß. Die Aufgabe der Ausschreibung bestanden im praktischen Beweis, daß ein Mensch sein eigenes Gewicht ohne festen Stützpunkt in die Luft heben könnte.

Obwohl Heyden von Segelflug, Aufwinden und Kumuluswolken nichts verstand, wollte er doch die Aufgabe mit den Mitteln erfüllen, die ihm zur Verfügung standen. Er wollte sich mit selbstgebastelten Flügeln und aus eigener Muskelkraft in die Luft schwingen. Nach seinen Ausrechnungen brauchte er zwei Riesenflügel. Um sie zu bewegen, mußte er starke Muskeln haben. Deshalb trainierte er jeden Morgen und machte nach dem Aufstehen zehn bis zwölf Klimmzüge an den quergelegten Tauen einer Kinderschaukel, die an starken Haken oben im Türrahmen zum Schlafzimmer befestigt war. Nebenher baute er sich Flügel. Weil die Vögel hohle Knochen haben, bestellte er sich in der Stuhlrohrfabrik drei Meter lange Bambusstangen. Als Federansatz befestigte er zwischen den in Flügelform angeordneten Bambusstangen Schweinsblasen, weil sie leicht und sehr haltbar waren. Aber sie mußten beweglich bleiben. Deshalb machte er an der Unterseite der Flügel jede einzelne nicht rundherum fest, sondern nur einseitig.

Wenn er die Flügel hob, sollten sie herunterklappen und die Luft durchlassen; aber wenn er die Flügel niederschlug, sollte der Luftdruck die Schweinsblasen fest an die Stangen pressen, daß sie eine glatte, undurchlässige Fläche bildeten. Der starke Schlag auf die Luft sollte den mutigen Flieger emporheben.

Seine Versuche in Graves Garten müssen ihn ermutigt haben. Anfang der Sommerferien 1901 wurden die langen Bambusstangen vorsichtig vom Boden geholt, kunstvoll durch das hohe Treppenhaus bugsiert und am Bahnhof nach Neubrandenburg in Mecklenburg-Strelitz verfrachtet. In der Nähe, im Dorf Kublank, war sein Vater Gemeindevorsteher und Hofbesitzer.

Natürlich nahm ganz Kublank gespannten Anteil an dem Vorhaben des jungen Lehrers Heyden aus Bergedorf. Sein Vater ließ auf dem Feld hinter dem Haus ein Gerüst bauen aus vier dicken Pfählen. Obendrauf legten sie eine Plattform aus festen Brettern, daran wurde eine hölzerne Leiter gelehnt. Weil er die Flügel schon oft genug auf der Erde ausprobiert hatte, bat er seine Mutter, sie möchte ihm kleine Federkissen nähen, die schweren Flügel drückten so unter den Achseln. Seine Mutter war ganz sicher, daß ihr Sohn mit seinen Flügeln in die Luft entschweben würde; sie fragte immer wieder ängstlich: «Ob du auch wieder 'runterkommst?»

An einem schönen Sommermorgen war es dann soweit. Seine Frau und die 6jährige Tochter standen im Garten gegenüber dem Gerüst und zitterten sichtlich vor dem Experiment. Vollkommen ruhig kam der hoffnungsvolle Ikarus herüber und wollte seine Frau ablenken, indem er auf die weißen Lilien wies. «Steck mal dein Näschen in die Lilie, sie riecht ganz nach

Honig!» sagte er zu seiner Tochter. Und dann zeigte er in seinem Taschenspiegel dem Kind das eigene Gesicht mit der gelb gepuderten Nase. «Sieh, das nennt man Blütenstaub», erklärte er als guter Schulmeister. Seine Frau brachte er so zu einem Lächeln. Dann nahm er seine langen Flügel und stieg langsam die Leiter am Gerüst hinauf. Er ergriff die mittlere lange Bambusstange und klemmte die Riesenflügel unter die Arme. Er hob sie ruhig und schlug sie mit ganzer Kraft hinunter. Er wippte leicht auf den Zehen, aber er kam nicht vom festen Bretterboden los. Er hob die Flügel wieder und ließ sie niedersausen. Und noch einmal schwang er die Flügel hoch.

An den Rändern der umliegenden Wiesen waren überall die Schnitterinnen mit ihren weißen Hauben aufgetaucht und sahen den Übungen des Riesenvogels zu. Immer wieder reckte Heyden die Flügel gegen den blauen Sommerhimmel und schlug dann mit aller Kraft nach unten. Aber er mußte wohl eingesehen haben, daß die Luft ihn doch nicht tragen würde, daß er aus Verantwortung gegen Frau und Kinder den Sprung in die Tiefe nicht wagen dürfte. Er packte bescheiden seine Flügel zusammen und stieg wie ein gewöhnlicher Mensch auf die Erde hinab.

Aber als der Flugplatz in Fuhlsbüttel eben eröffnet war und eine kurze Grasnarbe noch die weite Fläche bedeckte, fuhr er mit der ganzen Familie hinaus. Mit welch fachmännischer Anteilnahme verfolgte er die Versuche der Ein- und Doppeldecker! Damals wurden noch die Sekunden abgestoppt, die eine Maschine in der Luft blieb. Wer sich vier Sekunden in der Luft halten konnte, war ein Held, und die Flugzeuge hoppelten mit immer neuen Versuchen über das Feld. «Ja, mit Motoren», sagte der verhinderte Ikarus aus Bergedorf, «mit Motoren ist das Fliegen doch kein Kunststück mehr!»

Selbst soll er jedoch nie mit einem Flugzeug in späteren Jahren geflogen sein.

Der Ewer als Sonnenwendfeuer

In der Zeit nach 1905 bildete sich in Bergedorf eine Gruppe aus sechs Hansaschülern, die zum Bund Deutscher Wanderer gehörten. Neben der Erforschung der Heimat mit Wanderschuh und Rücksack wollten sie auch zu einem besseren Verständnis zwischen Stadt und Land beitragen, denn die Städter achteten die Landleute nicht sehr hoch wegen ihrer angeblich mangelnden Bildung. Die Landleute dagegen hielten die Städter für faul und bequem, weil sie keine schwere körperliche Arbeit leisteten. Über die Volkskunst wollten daher die jungen Leute die Verbindungen herstellen. Die Bergedorfer Gruppe suchte sich als Arbeitsgebiet Altengamme aus. Dort wirkte Pastor Holz, der sie in ihren Bestrebungen unterstützte. Er sammelte alles, was mit Vierländer Volkskunst zusammenhing: Trachten, silberne Mannsjakkenknöpfe, Intarsientruhen und Stühle. Die Erntedankfeste wurden immer besonders schön in der Altengammer Kirche gefeiert. Vierländer Blumensträußchen schmückten die Kirchenbänke und die Hopfenranken, die das Kirchenschiff durchzogen. Der Altar war mit Vierländer Riesenfrüchten beladen: Gurken, Melonen, Kürbis, Tomaten sowie mit den schönsten Blumen und Korngarben. Die Deutschen Wanderer sangen zusammen mit Hamburger Gruppen vierstimmige Bachchoräle. Der Bergedorfer Frauenchor unter der Leitung von Frau Lewalter trug mehrstimmige Kirchenlieder zu dem stets überfüllten Gottesdienst bei. Bald waren die Bergedorfer Wanderer fast jedes Wochenende in Altengamme. Sie tanzten die alten Reigentänze «Sünnros» und «Achterüm» mit den Vierländern. Pastor Holz ermunterte seine Gemeindemitglieder, bei diesen Zusammenkünften die Heimattrachten zu tragen.

Ein Höhepunkt der gemeinsamen Veranstaltungen sollte eine Sonnenwendfeier werden, die Altengammer und Bergedorfer gestalten wollten. Bei den Überlegungen zur Vorbereitung fiel die Idee durch, einen Holzstoß am Wasser abzubrennen, weil damit die Blankeneeser schon glänzten. Plötzlich fiel einem Vierländer ein Ewer ein, der bei einer Sturmflut im Brack versunken war. Die Begeisterung war bei den jungen Leuten einstimmig: «Den buddeln wir aus, machen ihn flott und lassen ihn die Elbe hinunterfahren!»

Das war nun kein leichtes Unternehmen, aber die Bergedorfer Jungens freuten sich, weil sie den Vierländern nun einmal zeigen konnten, daß es ihnen an Arbeitswillen und Körperkraft nicht fehlte. Außerdem fürchteten sie sich nicht vor Wasser und Schlamm. Weil der Weg zwischen dem Buddelplatz und Bergedorf zu zeitraubend war, mietete die Gruppe dicht bei der Kirche hinter dem Deich ein **Bauernhaus als «Landheim»**. Sie richteten es sich stilgerecht ein und hatten damit Übernachtungsmöglichkeiten und Räume für Gesang und Tanz nach dem Buddeln. Endlich war der Ewer von Schlamm und Schmutz befreit, wieder zusammengebastelt und seetüchtig gemacht. Die Gruppe übergoß ihn mit Pech und Teer, damit das Feuer schnell hoch auflodern und weit in die Lande hinein leuchten sollte.

Dieses Unternehmen war jedoch nicht ungefährlich. Es waren Sicherheitsvorkehrungen zu treffen. Um den Genehmigungsweg für das ungewöhnliche Ereignis abzukürzen, umgingen die Veranstalter die Vierländer und Bergedorfer Polizeiwachen und fuhren mit ihrem Plan der Sonnenwendfeier gleich zur höchsten Instanz. Stadtfein ließen sie sich bei seiner Magnifizenz, dem Ersten Bürgermeister von Hamburg, Herrn Burkhardt, melden, um ihm ihr Vorhaben mit Ernst, Würde und jugendlicher Begeisterung vorzutagen und um die Feuererlaubnis zu bitten.

Bürgermeister Burkhardt war ein echter hanseatischer Kaufmann. Er mußte wohl gleich erkannt haben, wie wichtig den jungen Bittstellern das Fest war und welche Bedeutung es für die Verständniswekkung zwischen Stadt und Land haben könnte. Mit der Zustimmung des Bürgermeisters in der Tasche kehrten die Bergedorfer glücklich zurück. Vom Hamburger Rathaus aus waren sämtliche Feuerwehren rechts und links der Elbe bis zur Stadt zum festgesetzten Tag alarmiert. Die Feuerwehrleute standen zu Beginn der Sonnenwendfeier in ihren Langschäftigen am Ufer, um das Feuerschiff mit ihren Peekhaken wieder in den Strom zu stoßen, wenn es zu dicht ans Ufer kommen sollte. Das Ereignis hatten viele tausend Menschen angelockt. Auf den Deichen konnte keine Stecknadel zu Boden fallen. Dicht an dicht standen die Zuschauer.

Endlich war der feierliche Augenblick da. Der Ewer wurde in den Wind gedreht, damit die Flamme schnell hochspringen sollte und da loderte das Feuer auch schon in den Abendhimmel hinein. Voller Begeisterung fingen die Beteiligten und die Zuschauer das Lied «Flamme empor» an zu singen. Der Ewer wurde in den Strom gestoßen und zog seine leuchtende Bahn elbaufwärts durch die Juninacht. Überall jubelten die Zuschauer von den Ufern aus dem Sonnenwendsymbol zu. Unterschiede zwischen Städtern und Landbewohnern gab es bei diesem Fest nicht und die sechs Hansaschüler hatten ihr Ziel erreicht.

Tanz auf der Sternwarte

Als die Hamburger Sternwarte unter der Leitung von Professor Schorr nach Bergedorf verlegt und 1911 eröffnet wurde, betrachteten die Bergedorfer das als eine ganz persönliche Ehre. Bei den regelmäßig stattfindenden Führungen für ganz Bergedorf wurden die Besucher besonders auf den Schmidt-Spiegel hingewiesen, der als Fernrohr an Lichtstärke, Bildgüte und Größe des Gesichtsfeldes allen bekannten Fernrohren überlegen war. Professor Schorr hat dann 1925 den einarmigen Optiker Bernhard Schmidt nach Bergedorf geholt, weil dessen Spiegel hervorragend geschliffen waren. Die Schmidt-Spiegel aus Bergedorf sind heute weltberühmt. Sie finden bei physikalischen und medizinischen Geräten Verwendung.

Anfang der zwanziger Jahre arbeiteten Physik- und Mathematikstudenten einige Semester lang bei Professor Graff an der Bergedorfer Sternwarte. Sie schlossen sich dem Bund Deutscher Wanderer an. Auch Professor Graff war ein großer Naturfreund. Er ließ sich gern von den Wanderungen, Musikabenden und Dichterlesungen im Wanderbund erzählen. Er holte sich seine Haustöchter auch stets aus einer

Gruppe der bündischen Jugend. Schließlich führte er sogar eine Privatbesichtigung der Sternwarte für die Bergedorfer Jugendgruppe durch und hielt einen Vortrag. Die jungen Damen und Herren waren ganz stolz auf ihre Kenntnisse. Ihr Wissensdurst in Himmelskunde schien unersättlich. Eines Tages lud Professor Graff die jungen Leute zu einem Tanzabend ein. Frau Graff bewirtete die Gäste und die Stimmung zwischen den Astronomen und der Bergedorfer Jugendgruppe wurde sehr vergnügt. Man tanzte tüchtig. Zwischendurch berichteten die jungen Leute von ihren «Nestabenden» mit einem eigenen Streichquartett, einem Trio und vom Singen der Lieder aus dem «Zupfgeigenhansl».

Damals lebte in Hamburg ein blinder Musiklehrer, Herr Dörken. Er beschäftigte sich neben der technischen Ausbildung seiner Schüler auch eifrig mit Harmonielehre und Gehörbildung bei ihnen. Eine besondere von ihm oft wiederholte Übung war das Auffinden der Originaltonart eines Musikstückes. Er suchte sich ein paar bekannte oder unbekannte Takte aus klassischen Sonaten, Konzerten oder Liedern aus und spielte sie in vier verschiedenen Tonarten vor. Die Schüler mußten dann die Originaltonart erraten. Da er selbst die musikbeflissenen Wanderer schon auf einem Musikabend in seiner Wohnung kennengelernt hatte, erklärte er sich gern bereit, einen Rateabend in Bergedorf durchzuführen. Als Professor Graff davon hörte, meldete er sich, seine Frau und Doktor Larink zu der Veranstaltung an, die im kleinen Saal in der «Bergedorfer Höhe» am Reinbeker

Weg stattfinden sollte, das damals ein Gasthaus war. Erwartungsvolle Zuhörer saßen bald dicht an dicht im Saal. Herr Dörken trat mit wohlfrisiertem, schwarzgelockten Beethovenkopf auf und spielte zur Einstimmung ein kleines Klavierkonzert. Dann fing das Raten an. Es wurden Zettel verteilt, auf denen man die richtige Tonart ankreuzen mußte. Alle lauschten gespannt dem Vorspiel. An den Gesichtern war genau zu erkennen, wer wann die Originaltonart herausgehört hatte. Bei der Prüfung des Ergebnisses stellte sich heraus, daß Doktor Larink alle Fragen richtig beantwortet hatte. Er lächelte bescheiden und meinte: «Ich habe eben das absolute Gehör».

Nach diesem anregenden Abend hatten die Hamburger durchaus noch keine Lust, nach Hause zu fahren. Da machte Professor Graff einen Vorschlag: «Ich fahre eben zur Sternwarte voraus und stelle euch den Mond und den Sirius ein. Dann könnt ihr im großen Refraktor beobachten und – tanzen, bis der erste Zug nach Hamburg fährt». Er muß sich wohl sehr sicher gewesen sein, besonders rücksichtsvolle junge Leute an seine empfindlichen Geräte heranzulassen. Er fuhr also voraus. Die jungen Leute marschierten leise singend im Vollmondschein über den Schlebuschweg und den Gojenberg zur Sternwarte. Beim runden Turm des großen Refraktors stiegen sie kichernd in die riesigen Filzschuhe, die im Vorraum für Besucher bereitstanden, damit man die feinen Instrumente beim Umhergehen nicht erschüttern konnte. Dann stellten sie sich auf den runden

Fußboden. Traugott Hinz, der in diesem Gebäude die Normaluhr als wissenschaftlicher Hilfsarbeiter betreute, drückte auf einen Knopf. Der Boden fuhr wie ein Fahrstuhl nach oben und hielt an, als sie in der richtigen Höhe unter dem Fernrohr angekommen waren. Dann öffnete sich der Schlitz im Dach und die Kuppel drehte sich auf ihren Rollenschienen so, daß das Fernrohr auf den Mond zeigte. Jeder guckte schnell einen Augenblick durch, die übrigen bestaunten die Instrumente an den Wänden, die Traugott erklärte. Nun mußten die Beobachtungsplätze unter den jungen Gästen eingeteilt werden: einer durfte am großen Fernrohr den Mond beobachten, einer am kleinen den Sirius. Die anderen fünf oder sechs Paare glitten in den großen Filzschuhen, leise Tanzlieder singend, um die Fernrohre herum. Die Nacht war klar, der Mond schien hell, der Sirius glitzerte und die Kälte, die durch den offenen Dachschlitz drang, beflügelte die Bewegungen der Tanzenden. Bis zum frühen Morgen dauerte das ungewöhnliche Tanzfest in der Sternwarte. Dann brachte der erste Zug die jungen Sterngucker nach Hamburg zurück.

Die Flamme von Neuengamme

Am 10. November 1910 erschreckte ein sonderbares Lichtzucken am Südhimmel mit einem unbekannten Sausen und Brausen in der Luft jung und alt rund um das Sachsentor. Am nächsten Tag berichtete die Zeitung, «daß in Vierlanden wieder nach Petroleum gebohrt worden sei und die Fachleute bei einer Tiefe von 425 Metern unerwartet auf Erdgas gestoßen wären. Das sei plötzlich mit unheimlicher Gewalt ausgebrochen und habe sich bei der Reibung entzündet. Jetzt leuchte eine Riesenfackel in Neuengamme und tobe mit Donnergetöse aus der Erde.»

Die Neuengammer Flamme war sofort Tagesgespräch in Bergedorf. Jeder wollte hin und mit eigenen Augen die Nähe und Gefahr dieser Naturgewalt sehen.

Die Ingenieure fürchteten, daß der Bohrkopf in die Höhe fliegen könnte. Mit Erdanschüttungen konnte man das Gas wegen seiner allzu großen Kraft nicht unter Kontrolle bringen, weil die Arbeiter immer wieder zur Seite geblasen wurden. Die deutschen Ingenieure waren ratlos. Man mußte sich nach Amerika und dem Balkan wenden, wo Spezialisten mit derartigen Bohrungen größere Erfahrung hatten.

Der Direktor des Mineralogisch-Geologischen Instituts in Hamburg berichtete am 12. November 1910 in der Bergedorfer Zeitung: «Das Gas hätte sich aus verwesenden Organismen gebildet, die den ehemaligen Meeresboden bedeckt hätten. Die Nordsee reichte nämlich in Urzeiten mit einer Bucht in das alte Urstromtal hinein, auf dem sich jetzt Vierlanden ausbreitet. Riesenmengen von Gas müßten in einer unermeßlichen Höhle unter Tage entstanden sein; denn die Flamme von Neuengamme leuchte Tag und Nacht gleich stark weiter.»

Die Bergedorfer machten sich in Scharen auf, um das Schauspiel anzusehen. Es war Novemberwetter. Früh nachmittags wurde es schon dunkel. Der Neue Deich war aufgeweicht und naß, aber das kümmerte die Neugierigen nicht. Sie patschten durch Matsch und Pfützen immer dichter an die Flamme heran. Über die flachen Weiden hin sah man von weitem den lodernden Schein in der Dunkelheit. In der Nähe der Flammensäule konnte man wegen des furchtbaren Getöses sein eigenes Wort nicht mehr verstehen. Ein weiter Kreis nackter, leerer Erde lag um die lodernde Flamme, die haushoch nach oben und waagerecht mit zwei Armen nach den Seiten schoß. Sie strömte mit solcher Gewalt aus, daß viele Neugierige vor Angst zu zittern anfingen. Es war ein gewaltiges Schauspiel.

Die Nachricht von dem außergewöhnlichen Feuerspiel in Neuengamme verbreitete sich in Windeseile. Immer mehr Sonderzüge mußten von Hamburg aus eingesetzt werden, um die Neugierigen nach Bergedorf zu bringen. Am Sonntag, dem 15. November 1910, fuhren bereits 84 Züge hin und her und die Völkerwanderung ließ Tag und Nacht nicht nach.

Am Bußtag, dem 18. November, kamen außer den fahrplanmäßigen sogar noch hundert Sonderzüge. Es wurde Mode, auch Nachtfahrten nach dem Flammenschauspiel zu unternehmen. Ehe der Frühzug von Berlin um 5.10 Uhr durchbrauste, mußten einige tausend Wallfahrer nach Hamburg in zwei Zügen zurückbefördert werden. Gleich nach 5.10 Uhr mußte noch ein dritter Sonderzug abfahrtbereit sein. Von dieser Minute an hielt der Riesenverkehr während des ganzen Tages an. Die Menschenmassen auf dem Neuen Deich waren unübersehbar geworden.

Die Ingenieure aus dem Balkan fingen endlich das ausströmende Gas am Bohrkopf auf und lenkten die Riesenflammen durch zwei Rohre nach oben und nach beiden Seiten. Somit war das Erdgas unter Kontrolle.

Der Bergedorfer Hauptbahnhof bestand in diesen Tagen eine gewaltige Belastungsprobe. An vier Schaltern fand der Fahrkartenverkauf statt. Sogar die Bahnhofsbuchhandlung war zum Fahrkartenschalter umgewandelt worden. Der Andrang war unbeschreiblich. Aber die Menschen verhielten sich erstaunlich diszipliniert. Das Naturereignis von Neuengamme war Gesprächsstoff genug während des Wartens. In größeren, etwa einen Zug füllenden Trupps wurden die Passagiere durch die Sperre gelassen. Ein Hornsignal gab das Zeichen, daß die Schranken auf einen Augenblick geschlossen blieben.

Der Strom der Wallfahrer kam nicht etwa nur aus Hamburg und Altona. Aus der Ferne, aus Holstein, Mecklenburg, dem nördlichen und den mittleren Teilen der Provinz Hannover strömten die Schaulustigen hierher. Auch viele Schulklassen eilten wißbegierig herbei, um das Flammenwunder anzustaunen.

Inzwischen kostete die Besichtigung bereits 10 Pfennige und findige Schausteller und Geschäftemacher waren auch herbeigeeilt. Ein richtiger Jahrmarkt hatte sich mit Schankzelten, Würstchenbuden und Postkartenverkäufern mit Bildern von der dreigeteilten Riesenfackel auf schwarzem Hintergrund am Straßenrand etabliert. Die Schaulustigen aus allen Gegenden waren hungrig und durstig. Auf dem Deich verkehrten alte Pferdekutschen und ausgediente Omnibusse für die Besucher zwischen Bahnhof Bergedorf und der Neuengammer Flamme.

Am 13. November meldete die Bergedorfer Zeitung, daß mit Rücksicht auf den Riesenverkehr in Bergedorf und den Vierlanden die Landherrenschaft gestattet habe, die Ladengeschäfte am Sonntag von 4 bis 9 Uhr offenzuhalten. Der Wagenverkehr zwischen Bergedorf und Neuengamme habe bedenklichen Umfang angenommen. Mittags sei in der Kampstraße eine Wagenreihe gewesen, die sich von der Holstenstraße bis fast zur Stuhlrohrfabrik erstreckt hätte.

Die Bergedorfer machten gute Geschäfte. In den Buden wurde sogar Watte angeboten, damit man sich bei dem Flammenlärm die Ohren zustopfen konnte. Die Stiefelputzer hatten in der Stadt und am

Bahnhof viele Stände aufgeschlagen, um die verdreckten Schuhe der Neugierigen bei der Rückkehr aus Neuengamme wieder zu polieren. Eine Hamburger Dame sagte sehr von oben herab, als sie diesen Betrieb sah: «Das ist doch wirklich nicht nötig, daß man auch daraus gleich wieder ein Geschäft macht!» Da grinste der Stiefelputzer sie an und meinte: «Ach, Madam, Se kennt den Veerlanner Schiet noch nicht!»

Die Ingenieure hatten bald das Gas soweit gebändigt, daß sie damit sogar einem besonderen Sport dienen konnten. Graf Zeppelin erprobte noch seine lenkbaren Luftschiffe am Bodensee. Es gab aber auch schon viele Piloten, die mit einem runden Ballon aufstiegen und sich vom Wind treiben ließen. An ihrer Gondel hatten sie rundherum Sandsäcke befestigt, die sie öffneten, um höher zu steigen, wenn sie in eine günstigere Luftströmung gelangen wollten. Die Ballons wurden nun an der Gasquelle aufgefüllt. Selbstverständlich wollten die Bergedorfer auch das aus nächster Nähe sehen. Die Hülle der Ballons lag zuerst schlaff am Boden und hob sich allmählich, wenn das Gas einströmte, bis sie prall voll war – und dann veranstalteten die Ballonflieger Wettfahrten.

40 Ballons waren für den Aufstieg gemeldet. Der bewunderte Star unter den Ballonpiloten war Elvira Wilson. Sie hing während des Aufstiegs mit den Füßen an Stricken mit dem Kopf nach unten oder hielt sich nur mit den Zähnen fest. Wenn sie höher aufsteigen wollte, ließ sie Sand abrieseln und schwebte so zum fassungslosen Staunen der Zuschauer über die Marschen. War sie mit ihrem Ballon bei Billwerder

gelandet, faltete sie die Hülle sorgfältig zusammen, steckte sie in einen Koffer und verschwand, als wären ihre Kunststücke das Einfachste der Welt. Sensationslust, Natur und Ingenieure hatten in Neuengamme wieder einmal für Bergedorf das Sachsentor zur Welt geöffnet.

Die kleine Meerjungfrau aus Bergedorf

Das bronzene Bild der kleinen Meerjungfrau in Kopenhagen soll in Beziehung zu Bergedorf stehen, wie umfangreiche Nachforschungen ergeben haben.

Vor etwa hundert Jahren ließen sich begüterte Bergedorfer Bürger für die Nachwelt in Öl portraitieren. Der Künstler zeichnete seine Werke, von denen noch einige erhalten sind, mit Emile Jaussaud. Er stammte aus Neapel, war aber von Geburt aus dem Namen nach Franzose – die Bergedorfer sprachen ihn plattdeutsch-französisch aus: Gussow.

In einem Bericht in der Bergedorfer Zeitung von 1912 über eine Ausstellung von Jaussaud-Gemälden steht:

«Von 1856 bis 63 lebte hier der Portraitmaler Emile Jaussaud, ein Schwager des Bürgermeisters Lamprecht. Jaussaud war in Neapel von französischen Eltern geboren und starb in Stade 1874.»

Das Bergedorfer Bürgermeisterhaus war zur Zeit Jaussauds sehr gastfrei. Zur großen Familie Lamprecht gesellte sich stets eine beachtliche Zahl von Tages- und Dauergästen. Sehr oft tauchte dort auch die alte Gräfin Brockdorf mit ihrer treuen, sie immer begleitenden Jungfer Marie Schnack auf.

Was der Gräfin an Mitteilsamkeit fehlte, ersetzte die Zunge der Marie Schnack, durch die man allerlei Erlebnisse der reiselustigen Gräfin erfahren konnte. Wenn zum Beispiel die beiden mit der Pferdekutsche nach Italien reisten, saßen sie nebeneinander und sahen aufmerksam nach rechts und links: die Gräfin mit einem Dolch oder Papiermesser in der Hand und die Jungfer mit der großen Schneiderschere wegen der Wegelagerer.

In Neapel lernte die Gräfin die adelige Emigrantenfamilie Jaussaud aus Nîmes kennen. Der Sohn Emile heiratete später Charlotte Valett, die Tochter von Meno Valett, der Rektor am Stader Gymnasium, dem jetzigen Athenaeum war.

Die Jungfer Marie Schnack war in Italien dem Dänen Hans Christian Andersen, einem Freund von Emile Jaussaud, begegnet. Sie muß auf den Märchendichter einen tiefen Eindruck gemacht haben, denn er hat sie in seiner Geschichte «Die kleine Meerjungfrau» verewigt:

Das blaue, glasklare Meer, die Grotte als Wohnung des Meerkönigs mit ihrem blauen Schein, das Schiff im Golf von Neapel, auf dem man Feste feierte, die Fischer, die nachts mit Fackeln fischten, die Apfelsinen- und Zitronen- und Palmenbäume in den Gärten, das alles ist eine genaue Schilderung der Landschaft von Neapel, wo Andersen sich damals aufhielt.

Die Personen sind auch leicht festzustellen: die kleine Meerjungfrau mit dem Fischschwanz, der sie von den Menschen trennt, ist die Jungfer Marie

Schnack, die zwischen der adeligen Gesellschaft nicht ebenbürtig ist. Ihr Prinz ist Andersen, der ihr seine Zuneigung schenkt, aber sie nicht zu seiner Königin macht. Die Mutter des Meerkönigs ist die adelsstolze Gräfin Brockdorf. Auch der Maler Jaussaud und Charlotte Valett, die Schwester der Bergedorfer Bürgermeisterin, findet man in dem Märchen wieder. Mit dichterischer Freiheit wird der Prinz plötzlich als schwarzlockiger Südländer geschildert, der die wunderschöne Königstochter mit den blauen Augen heiraten soll: Jaussaud und Charlotte.

Die Geschichte führte in Wirklichkeit sogar wieder in die Nähe von Bergedorf zurück. Das Modell für die Figur der kleinen Meerjungfrau im Hafen von Kopenhagen war eine junge Dänin, denn des Märchendichters Vorbild war schon lange tot. Das dänische Modell kam als alte Dame in das Dänenheim in Börnsen. Buchhändler Nordmann aus Lohbrügge hat sie als Achtzigjährige oft besucht. Sie ist dort auch gestorben.

Das Sachsentor zur Welt hatte sich mit der ersten Eisenbahnlinie weit geöffnet. Aber schon vorher sind doch viele interessante Menschen und Figuren hindurchgeschlüpft, nach innen wie nach außen. Berühmte und weniger Bekannte haben Bergedorf als Ausgangspunkt, aber auch als Endstation kennengelernt. Es stimmt also: zur Welt war und ist das Sachsentor schon immer offen gewesen . . .

Inhalt